大学应用写作训练教程

DAXUE YINGYONG XIEZUO XUNLIAN JIAOCHENG

谢珊珊 主编

華南理工大學出版社
SOUTH CHINA UNIVERSITY OF TECHNOLOGY PRESS
·广州·

内容简介

本书介绍了大学生常用的应用文写作知识。全书共分六章，分别为应用文概说、公文概论、常用公文、事务与礼仪文书、经济应用文以及学术论文的写作等。全书内容简明清晰、科学实用，体例成熟完备、层次分明，配有大量的范文、例文和练习题。适合于高等学校学生及各类企事业单位的文职人员使用。

图书在版编目（CIP）数据

大学应用写作训练教程/谢珊珊主编. —广州：华南理工大学出版社，2011.9（2019.9 重印）

ISBN 978-7-5623-3521-4

Ⅰ.①大…　Ⅱ.①谢…　Ⅲ.①汉语-应用文-写作-高等学校-教材　Ⅳ.①H152.3

中国版本图书馆 CIP 数据核字（2011）第 185161 号

总 发 行：华南理工大学出版社（广州五山华南理工大学 17 号楼，邮编 510640）
营销部电话：020－87113487　87110964　87111048（传真）
E-mail：scutc13@scut.edu.cn　**http**://www.scutpress.com.cn
策划编辑：庄严
责任编辑：庄严　方琅
印 刷 者：虎彩印艺股份有限公司
开　　本：787mm×960mm　1/16　**印张**：14.75　**字数**：280 千
版　　次：2011 年 9 月第 1 版　2019 年 9 月第 3 次印刷
印　　数：6 001 ～ 6 500 册
定　　价：22.00 元

《大学应用写作训练教程》编委会

主　　编：谢珊珊

副 主 编：白少玉　李荣合　刘智敏

参编人员：赵　楠　曾　真　周紫燕

目　录

第一章　应用文概说

第一节　应用文的特点、分类、作用

一、应用文与应用写作

应用文是应用写作活动的成果。要讲清楚应用文的含义，必须先从应用写作的含义开始。

写作是人类特有的高级心智活动，它通过有组织的文字，或表情达意，或论事说理，或周应人事，传递着社会生活的各种信息，渗透于社会生活的方方面面。“五四”前后，学者们把以文字传情达意，抒发自己个人的所见所闻、所思所感，以交流情感信息为主的活动称作文学写作，把以传递、交流实用信息为主的写作活动称作应用文写作。写作活动从此形成文学写作和应用写作两大分支，得到学界的广泛认可。

二、什么是应用文

应用文使用范围广，源远流长。

“应用文”一词最早出现在北宋苏轼的《答刘巨济书》中，他说“向在科场时，不得已作应用文，不幸为人传写，深为羞愧。”“应用文”作为一个专用的文体概念，最早出现在清代学者刘熙载《艺概·文概》中，他说：“辞命体，推之可为一切应用之文。应用文有上行，有平行，有下行，重其辞乃所以重其实也。”在这里，他已经指出了应用文讲求实效的特点。后来，徐望之在《公牍通论》中作了进一步的阐述：“有用于周应人事者，若书札、公牍、杂记、序跋、箴铭、颂赞、哀祭等类，我名之曰‘应用之文’。”现在，“应用文”这一概念被人们广泛使用，并形成了比较统一的认识，即：应用文是人们处理公务、安排生活的过程中使用范围最广、频率最高、实用价值最大、社会效用最高的文体，是人们交流思想、互通情况、解决问题的工具。

应用文写作与人们的学习、工作、生活关系十分密切，所以“三百六十行，行行都要学。”叶圣陶先生1981年8月同《写作》杂志编辑人员谈话时指出：“大学毕业生不一定要能写小说诗歌，但是一定要能写工作和生活中实用的文章，而且非写得既通顺又扎实不可。”可见，写好应用文是大学生的一项基本技能。

三、应用文的特点

应用文在长期的实践中，形成了区别于其他文类的独特“个性”。概括起来有以下几点。

1. 价值的实用性

“应用文，就是‘应’付生活、‘用’于实务的‘文章’。”（见香港陈耀南教授《应用文概说》）它内容务实，对象具体，要求明确，旨在应用。如：公文就是传达政策法令、处理公务的依据；条据、合同是双方约定的凭证；规章制度用以规范人们的行为，维护社会正常秩序。可以说，实用性是应用文区别于其他文类的本质属性，应用文的其他特性都是由这一特点派生出来的。

2. 建构的模式性

和其他文体相比，应用文的建构具有相对固定的模式。

文学作品的创作追求的是独创性，作者力求摆脱模式的束缚，实现个性的张扬。而应用文为便于实现其处理公私事务的目的，实现其实用价值，常常要求作者按一定的模式写作。这种比较固定的模式，有的是约定俗成的，如书信、条据、日记等日常应用文；有的则是由有关部门统一规定的，如公文的格式。

3. 表述的简约性

应用文尚简约，忌浮华，力求用最精练的文字准确地说明事理、陈述办法，以达到迅速、及时处理公私事务的目的。叙述多用直笔，不用曲笔。议论多就事论理，少旁征博引。语言上，用词准确、规范，多用表意确切的单义词，除私务文书外，一般不用容易产生歧义的形容词、语气词、感叹词等，排斥方言和口语。

四、应用文的分类

应用文历史悠久、内容繁杂，时代性、政治性很强，而且，随着时代的发展和社会的需要，不断在增加或减少一些成员。要对庞杂的应用文进行分类，的确不是一件易事。到目前为止，应用文尚无权威、统一的分类体系。有的按公文的行文关系划分种类，有的按公文的功用划分种类，有的按行业关系划分种类，标准不同，类别相殊。

本教材对应用文的划分原则有二：一是宏观的原则。因为应用文涉及的范围广、内容杂、层次多，很难找到简单划一的标准，因而划分宜粗不宜细。二是以应用文的适用范围为划分依据的原则。具体划分如下：

- 应用文
  - 公务应用文
    - 通用文书
      - 行政公文
      - 事务公文
    - 专用文书
      - 科技文书
      - 经济文书
      - 法律文书
      - ……
  - 私务应用文
    - 记录性文书（日记、自传……）
    - 交流性文书（书信、慰问信、表扬信……）
    - ……

五、应用文的功用

和文学作品相比，应用文有着自己独特的功用。概括起来，有四个方面：

1．指挥管理作用

自古以来，应用文就是进行社会管理的工具。今天，日趋现代化、高效率的管理模式，对现代应用文提出了更高的要求。公务应用文在这里起着上传下达、下情上递的作用。如上级机关的决定、命令、批复等，对下级机关的工作起指挥管理作用，下级机关必须“遵照执行”或“参照执行”。同时，下级机关的请示、报告、总结等，可以及时反映基层的情况。可见，应用文对社会的指挥管理作用直接、明显、巨大。

2．法规、准绳作用

在公务应用文中，有很大一部分用于颁布国家法律、法令、法规，约束、规范人们的行为和思想，维护社会的秩序。如条例、规定、通则、公约、准则、守则等。

3．沟通与协调作用

现代社会里，人与人、人与群体、群体与群体之间关系更加紧密、复杂，更需要沟通与协调。当然，人们沟通信息、协调关系的办法很多，应用文是其中使用最早、范围最广的一种。如书信在人与人之间沟通信息、传递感情的作用；公文在机关单位的协调管理作用；协议书、合同书在经济活动中的协调和约束作用。

4. 凭证依据作用

“口说无凭，字据为证”，在应用文的不同文种中，都有不同的表现。如公文是机关办事的重要依据；合同是双方权利义务的凭证；会议记录是执行会议决定的凭证，也是日后查询的依据。

应用文这几个方面的功用是互相联系的，不能将它们割裂开来，要作为一个整体来理解。

思考与练习

1. 名词解释。

应用文　应用写作

2. 简答题。

(1) 应用文和文学作品有何不同?

(2) 结合自身感受，说说学习应用文写作有何现实意义。

第二节　应用文的作者、文本、读者

一、应用文的作者

在一般的写作活动中，写作活动的实施者即是文章的作者，写作过程是充分施展个性的创造活动。而应用文作者的构成却十分复杂：有群体作者、个体作者、法人作者、代言作者等。

1. 应用文作者的构成

(1) 群体作者。群体作者是两个以上的作者为完成一个共同的写作任务而组合在一起的作者类型。群体作者以合作的方式参与写作，如调查报告、经济预测就常由几个作者共同调查研究完成。

(2) 个体作者。个体作者指从写作意图的确立到文章的完成，都是由个人独立完成的作者类型。日常应用文和私务应用文大抵都是个人作者。

(3) 法定作者。法定作者特指公文的作者。也就是说，公文的作者不一定是公文的执笔者，而是依法成立并具有法人资格的组织。法定作者所作的文章，其内容代表某一级法人的意志，具有权威性和法定的行政效力。

2．**应用文作者的修养和能力**

作者的修养和能力是完成写作任务的基本条件。写好应用文，作者需要具备以下几个方面的修养：

（1）理论修养。理论修养是作者对客观世界的认知水平、政策水平、理论水平的综合体现。应用文的作者只有具备了较好的理论修养、较强的政策观念和党性观念，才能头脑清醒，才能透过纷繁复杂的现象，抓住事物的本质，找出事物的规律，理清思路，写出有思想、有见地、有作用的应用文。

（2）业务修养。应用文是处理事务的工具，这就要求使用者必须熟练掌握本专业的业务知识，熟悉行业术语，了解行业规范。特别是一些专用文书，如法律文书、经济文书，没有扎实的专业知识修养，是写不出高质量的应用文的。

（3）辞章文体修养。应用文用词要求准确、规范、严谨。用语要求平实、简约。语气要求严肃、恰当。这就要求应用文的作者具备较高的文字修养。此外，应用文的作者还必须掌握应用文的写作规范，培养文体感，熟悉应用文的各种体式，这样才能写出符合"应时"、"应事"要求的应用文。

二、应用文的文本

一篇完整的应用文，一般是由主旨、材料、结构、语言四个要素组成。这四个要素相互作用，构成应用文文本。

1．**主旨**

主旨是作者通过文章内容反映出来的思想、观点、看法，是应用文的灵魂所在，也是作者写作意图的体现。应用文的主旨主要有以下特点。

（1）主旨的客观性。文章是思想、情感的结果，无不打上作者的主观烙印。但应用文的主旨是建立在客观真实的基础上的，主旨与材料之间，有着本质的一致。主旨是材料的集中、概括，材料体现了主旨的真实性、客观性。

（2）主旨的单一性。文学创作讲究的是内容丰富，一文多义。应用文则要求一文一事，主旨单一，统摄全文，贯彻始终。应用文最忌讳一篇文章有两个或两个以上的主旨，一个问题没说清楚，另一个问题又提出来。这样的文章只能"以其昏昏，使人昭昭"。

（3）主旨的明晰性。应用文的主旨要让人一看就懂：肯定什么、否定什么，主张什么、反对什么，清清楚楚、明明白白，不能含糊不清，模棱两可。否则，就失去了应用文的作用。

2．**材料**

材料是构成文本的基本要素之一，是体现文章主旨的感性形态的材料和理性形态的材料的总称，是经过筛选写进作品中的事实、数据、情况、道理。应用文的材料具有以下特点。

（1）材料的真实性。应用文是处理社会事务的工具，应用文所用的材料是处理问题、解决问题的依据，这就要求应用文使用的材料必须严格忠实于事实。这种真实既包括具体细节、具体数字的准确无误，又包括概括的、整体的真实。它绝不允许以主观随意性来对材料作合理想象或任意拔高，也不容许以偏概全，把理想的当现实，把局部当全面。任何不真实的材料都可能会得出荒谬的观点，错误的决定。

（2）材料与主旨的对应性。应用文的主旨是单一明确的，这就要求材料与主旨之间，保持密切的对应关系，材料的选择和应用，应以文章所要表达的主旨为依据，选择本质意义和主旨相一致的事实做材料，为主旨服务，受它调遣。离开了材料，应用文的主旨就无从体现。

3. 结构

结构是指文章各个部分的组合与排列方式。应用文的文本结构方式和文学作品文本的结构方式有着明显的不同，主要表现在以下几个方面。

（1）根据文种选择结构。应用文在长期的运用与实践中，各个文体都形成了自己特有的外在格式和内在表述模式。如：行政公文的格式，就是法定的，任何人不能随意更改。书信的格式，就是约定俗成的。

（2）结构要素排列顺序化。为了使应用文在传递、应用的过程中迅速发挥作用，让读者顺利理解、领会作者的写作意图，应用文的内在结构要素排列应顺序化，依循人们的顺畅的思维逻辑来展开，一般不用曲笔，不用倒叙、插叙。

4. 语言

应用文和文学作品相比，在语言风格、词汇应用上，都有很大的区别。应用文的语言讲究“有真意，去粉饰，少做作，勿卖弄”。具体要求如下。

（1）平实。就是语言风格力求平易、朴实、严谨。提倡实话实说、实话直说、实话明说。丢弃套话、空话、过头话。杜绝不实的溢美之词。

（2）明确。就是语意明白、确切。让人看了就清楚、明白，不产生歧义。这是由应用文的功用性质决定的。这就要求作者从特定的对象出发，用语准确、周密，分寸恰当，准确反映事物的客观状态。

（3）简约。简约是应用文语言的基本特征。它要求应用文的作者用最简洁的文字，表达最丰富的内容，这是语言文字使用的最高境界。清代刘大櫆就曾在《论文偶记》中说：“文贵简。凡文，笔老则简，意真则简，辞切则简，理当则简……故简为文章尽境。”这就要求作者从特定的对象出发，根据工作需要，写最重要的。与主旨无关的不写，众所周知的大道理不写。

（4）得体。得体是指应用文的内容和语言要适合应用文的题旨和语境。应用文是用来处理事物的，所以语言的运用更要求得体，写什么，不写什么，怎样表述，都要适合发文的目的、发文的对象。同时，发文的语气要与发文者的身份相吻合，注意发文机关的隶属关系。同样应该注意发文的领域、发文的环境，使之和谐一致。这样才能取得预期的效果。

三、应用文的读者

读者是指阅读写作文本的人，是文章所传递的信息的接受者，也是写作行为的重要环节。

应用文的读者和其他文种的读者不同，写作者只有仔细辨别不同读者的特点，强化读者意识，根据不同的读者，有针对性地撰写，才能更好地写作应用文，发挥应用文办事和交流的功用。

1．应用文读者的类型

应用文文本的读者类型复杂，大致可以划分为法定读者、普通读者和专业读者三类。

（1）法定读者。主要是指能代表一级组织的领导，他们是行政公文、部分事务文书的法定阅读者。这类读者阅读的目的是了解上级机关的政策、下级机关的情况，以便对当前的工作作出安排。他们往往工作繁忙，要看的文件比较多，因而要求提供阅读的文本简明扼要、重点突出。

（2）普通读者。指根据个人的需要，自发阅读某些应用文，收集相关信息的人。这类读者的阅读行为有很大随意性，阅读对象也不确定。

（3）专业读者。指具有某一方面专业知识、经常阅读专用文书的读者。这类读者专业基础知识扎实，对专用文书的内容、格式比较熟悉。因而在应用文的写作中，要充分考虑到他们的特点，注意用语规范、科学，规范格式。

2．应用文读者的特点

应用文的阅读是一种功用性阅读，阅读本身不是目的，其目的或是想获得某种信息、了解某种情况，或是接受某一指令，并付诸于实践。因而，应用文的阅读具有以下特点。

（1）读者是功用性读者。应用文的作者因需要而写作，阅读者也因需要而阅读。这是由应用文的功用性特点决定的。

（2）读者是近距离的接受者。应用文是应时应事而写的，应用文的信息需要读者在最短的时间内接受，有很强的时效性。同时，应用文的读者是近距离的接受者，读者对文章的内容比较了解、熟悉，因而对文章的真实性要求比较高，否则，就会形成读者对作者的不信任，影响应用文的接受效果。

（3）读者是文本功能的实现者。应用文的阅读是带有目的性的，读者解读文本不仅要了解信息，而且读者本人往往就是文本功能的实践者。这种功能性阅读的特点，要求文本条理清楚，信息明了，一看就明白要怎么去做。

思考与练习

1. 应用文作者有哪些类型？

2. 应用文文本应怎样划分？

3. 怎样处理应用文的主旨和材料的关系？试举出两则应用文中材料与主旨不统一的例子，并作分析。

4. 请根据应用文的语言特点，评改下文。

时间如白驹过隙，一转眼2010年将要过去了，在过去的一年里，我公司的经济效益如穿云燕子，飞向百尺竿头，大幅度上升，公司上下，兴高采烈，喜笑颜开。在新的一年到来之际，我们对去年的工作总结如下：

……

5. 下面材料是会谈纪要的片断。请将该材料按一定逻辑顺序进行分段，并用序码衔接。

关于筹建东亚时装发展公司的会谈纪要

××省纺织品进出口公司（以下称甲方）与××国××服装公司（以下称乙方）于2010年6月10日在××宾馆就合资建立时装公司的事进行了会谈。会谈的内容主要有：双方同意合资建东亚时装发展公司。公司的宗旨是组织时装进出口业务，增进两国人民的友好往来。公司资金总投资为×××万元，甲方投资54%，乙方投资46%，总公司设在中国××市，分公司设在××国××市。总公司设正副总经理各一人，甲方委派总经理，乙方委派副总经理。董事会由甲乙双方的代表共7人组成。推选董事长一人，每年召开董事会两次，研究和讨论公司的重大决策。经营所得的利润按投资比例分配。公司经有关领导部门批准后，正式开业。合营期限为五年。

第三节　应用文的写作过程

一、客观需要是应用文写作的起因

客观需要，是应用文写作的最直接起因。写作应用文，或是因为管理的需要，或是因为处理事务的需要，或是因为交流的需要。也就是说，应用文的写作，是在需要指导下进行的，具有强烈的实用性和功用性。

1．应用文的写作主要适用以下几种需要

（1）行政管理的需要。应用写作的功用性最鲜明、直接地体现在公文写作上。公文是因行政管理的需要而制发的。

（2）处理事务的需要。在社会生活中，人们经常需要运用各种事务文书来处理各种行政、日常事务，如：计划、总结、调查报告、会议记录、假条等，就是机关和个人常用的处理公、私事务的文书。

（3）人际交流的需要。交际需要，是人类的基本需要之一，而书信、请柬、贺信等，都是因为这种需要而写的。

（4）专项业务的需要。在应用文这个大家族中，除通用文书用于处理各种公务外，还有大量的专业文书用于处理专门的业务，如法律文书、经济文书等。

2．客观需要对写作的制约作用

客观需要是应用文写作的起因和前提。同时，这种需要制约着写作的全过程。主要体现在如下几点。

（1）形成写作意图。应用文的写作意图产生于各种需要，这种需要是形成写作意图的逻辑起点。作者在写作过程中，要准确、清晰地把握这一意图。

（2）规定选择文种。应用文的文种个性鲜明，区分度高，一般一个文种只能满足一种需要，这就要求作者认真、仔细辨别每种需要的差别，选择最恰当的文种。

（3）决定表达方式。应用文的客观需要，在这个环节中，同样起着强大的制约作用。不同的目的、不同的需要，对应着不同的表达方式、语体特征。

二、获取材料是应用文写作的前提

应用文是直接用来处理事务、沟通情况的，从这个意义上说，应用文是依靠材料来说话，来体现观点的。离开了材料，应用文就成了“无米之炊”“无源之水”。所以说，获取材料是应用文写作的前提。

1. **应用文材料的搜集**

材料的搜集是应用文撰写的第一步，材料主要包括：

（1）事实材料。是指现实生活中的各种事件、数据，是现实生活中最原始、最真实的材料，也是应用文作者思考、分析问题的立足点和出发点。事实材料一般通过调查研究获得。

（2）政策材料。是指工作中指导全局、影响决策的思想理论、方针政策等材料。

应用文具有鲜明的思想性和时代性特征，无论是行政公文、事务文书或是专业文书的制发，都要受党和政府的各项方针、政策制约。因此，作者要通过调阅文档或向有关领导询问等方式，调查、了解、掌握一定时期内的政策、法规等材料。

（3）情报材料。情报材料指根据原始数据、事实而编制的信息材料，也叫间接材料。情报材料一般以文摘、提要、简报、统计表等形式存在，它们在一定程度上反映了事物的本质。

应用文作者在写作过程中，要尽量多搜集、获取这些材料，为撰写、起草文章做准备。

2. **应用文材料的整理**

材料的整理，就是将来自各方的原始材料进行清理、分类、综合，并运用科学的方法进行分析，使之形成一个有条理的系统，从而反映事物的面貌和规律。

应用文的材料整理必须遵循以下原则。

（1）统一角度、统一标准的原则。任何事物，标准、角度不一，结论也不同。因此，面对繁杂、零散的材料，首先要统一标准进行分析、整理，从而找出规律，引出观点。

（2）分类排队、分清主次的原则。在材料的整理过程中，对同一专题的材料也要进行归纳、分类，分清主次。先按材料的不同性质分成若干大类，然后，再按该大类的构成要素或事物的差异，从不同角度，分出若干小类。经过这样由粗到细、由浅入深的分析，事物的本质就明朗了。

（3）分清先后、寻找因果的原则。当各种材料错综复杂地呈现在面前时，首先要对材料进行梳理，分清先后，找出事物发展的全过程，掌握事物的全貌。然后，发掘隐藏在材料深处的因果关系，以揭示事物发展的本质特征。

3. **应用文材料的选择**

材料经过整理、分析、排列之后，初步显示了事物的面貌。但要把材料变成文章的“血肉”，还要进一步地筛选，主要原则如下。

（1）根据主旨的需要进行选择。在写作过程中，选择材料最重要的标准就是看它是否能表现主旨。凡是与主旨有关，能表现、说明、突出主旨的材料，要尽量选用。凡是与主旨无关的材料，要坚决舍弃。

（2）根据文种的需要进行选择。应用文的文种不同，所诉求的重点、选用的材料也不同。如：公文中请示和报告文种不同，所选用的材料也有所区别。报告侧重陈述，材料要求具体、充分。请示则用于请求指示、帮助，材料也就侧重于表述自身困难。其他应用文之间，材料运用上的差别更大。

（3）根据表述的不同角度进行选择。表述的方式不同，对材料选择的侧重点也不同。这点在经济应用文中表现得最明显。

三、正确表达是应用文写作的关键

作者在明确主旨、确定材料后，还必须为应用文寻找恰当的表达方式。这是将思维的结果物化成文章的关键阶段。这一阶段的工作包括三方面：选定文种，选定结构，选定语体。下面具体介绍有关选定文种和语体的内容。

1. 选定文种

选定文种，是应用文写作的重要一环。一般可以根据以下几点选择文种。

（1）根据写作意图选择文种。应用文的文种选择，主要根据写作意图、写作目的来进行。通过分析写作意图和目的，弄清发文旨意，先从大类上区别文种。比如，向上级汇报当前经济工作的进展情况，就必须用行政公文“报告”；向上级汇报经济工作状况，以调整经济活动行为，就必须选用经济专业文书“经济活动分析报告”。

（2）根据文种特征选择文种。应用文的每一种文种都有特定的使用范围和特性，因此，当根据写作意图确定文体大致范围后，还需要对文种作进一步的辨别分析，区别文种之间的细微差别，否则，不易选准文种。如“公告”和“通告”，都是用来向公众宣布使人周知的事项，但“通告”用于“在一定范围内”宣布“一般事项”，“公告”则用于“向国内外”宣布“重大事项”。

（3）根据行文方向选择文种。行文方向是根据组织间的工作关系确定发送文件的去向。这是公文写作中最常用的确定文种的方法。

2. 选择合适的表达语体

（1）事务语体的运用。在长期的语言运用中，应用文形成了一整套有别于文艺语体、科技语体的事务语体体系，这一语体与其他语体相比，其特点十分鲜明。主要表现在：

①思维上，多用逻辑思维、归位思维、求同思维，不用或少用形象思维、变异思维。

②语言上，多用抽象性、常规性的词。

③表述上，要求明晰、准确、简练、周密。

④语言风格上，追求简约、朴实、明快、庄重。

⑤内容上，是理智的、客观的。

（2）各种简省表达方式的运用。为了追求简捷、明快的表达效果，应用文在长期的使用中，形成了一套简省的表述方法，主要有：

①适当使用单音节的文言词。如：兹、悉、妥、拟、洽、系、尚、鉴等。

②常使用介宾短语，使表述更简洁、严密。如：表目的、原因，常用“为、为了、由于、以利、以资、以免、以期”等；表对象的，常用“对、对于、将、关于”等；表根据的，常用“根据、遵照、依照、按照”等。

（3）特殊的叙述、议论、说明方式。文章的表达方式一般有五种：叙述、议论、描写、说明、抒情。但应用文常用的只有叙述、议论、说明。

①应用文的叙述。应用文的叙述一般是按照时间、事件的自然顺序和线索进行交代、介绍。它具有叙述对象客观、真实，叙述线索单纯、统一，叙述态度冷静、客观等特点。

②应用文的议论。议论即对客观事物进行分析评论、表明观点和态度。应用文的议论一般不作立论或驳论式的议论，而是就事论理，阐明作者的看法和主张。议论过程中，也要求不带个人感情色彩，力求冷静、公允。

③应用文的说明。应用文的说明主要用于对事物、事理进行解释、说明。在专用文书中，它常使用行业术语，并且图表、文字结合交替使用，使读者对说明的问题一目了然。

四、修改定稿是应用文写作的终结

修改是保证文稿质量的重要环节，也是写作的最后环节。应用文的修改要注意以下问题。

1. 明确修改对象

应用文的修改重点不仅仅是在字、词、句上，而更应把好思想关、主旨关、事实关、格式关、文字关。

（1）检查文种选择是否正确。在应用文的写作过程中，文种的选择自始至终都约束着整个写作行为。所以，应用文修改时，首先要检查文种选择是否正确，是否准确反映了行文意图和行文关系。否则，一步走错，全盘皆输。

（2）检查主旨是否正确、单纯、统一。应用文的主旨首先要正确，也就是要符合党和政府的各项方针、政策，要符合客观规律，符合领导意图。其次是单纯，一事一文。最后看主旨是否前后统一，主旨和材料是否统一。

（3）检查材料是否真实。应用文的材料要求绝对的真实，来不得半点虚构和想象，不仅具体材料要真实，对材料的概括、归纳也要真实、准确。

（4）检查结构是否规范，语言是否合体，标点是否恰当。

2. 审核、修改的程序

应用文大多是应某种需要而制作的，所以文稿拟好后，应认真、严肃地反复进行修改、审核。审核、修改的步骤如下。

首先，由撰稿者自己对应用文的文种、主题、材料、语言反复推敲修改。

然后，请部门负责人或有应用文写作经验的人帮助审阅，提出修改意见。重要的文稿还要组织讨论，广泛征求修改意见。

最后，提交主管领导和办公室核稿、签发。

思考与练习

1. 应用文的写作过程和一般的创作过程有什么不同？
2. 应用文怎样靠材料说话？
3. 应用文表述上有什么特点？
4. 词语填空。

（1）为解决我厂职工上下班用车的困难，请给予批准________。

（2）我们认为除了要有本人申请以外，还要由所在单位开具证明一并报送________。

（3）报刊发行工作，不宜搞摊派，应以坚持自愿原则________。

（4）中央有关保护森林资源的法令，各地必须认真贯彻执行________。

（5）此文应送有关领导________后方可下发。

（6）本合同________批准，方能生效。

（7）行政事业单位购买轿车，要从严控制，并需报上级主管部门________。

（8）企业的管理费，要在财务计划和会计报表中单独反映，按时上报主管部门________。

（9）全国人大常务委员会________了《中华人民共和国教育法》。

（10）这次灾害发生后，各级领导立即送来了大批救灾物资，________关怀。

5. 阅读下面文字，指出存在的问题，并根据这些材料概括出观点。

要做好资料工作是件不容易的事

我是2010年1月份参加工作的新同志，一年多来的工作实践，我深深体会到：要做好资料工作，除需掌握语文基础知识和本行的业务知识外，还要有一定的理论政策水平，然后，更需要深入实际，调查研究。

我刚来到秘书股搞资料工作时，不要说写，连一般业务性的文章都看不懂。我每天只能做一些简单的事务性的工作，看见秘书写东西运笔自如，心里很焦急。记得有一次，单位组织存款经验介绍会，领导叫我整理一下材料，我却因分不清存款和贷款的性质，把农民存入银行的款当贷款，出了大笑话。为了尽快提高自己的写作水平，我除了认真向老同志学习以外，还认真学习跟资料工作有关的书籍。一年多来，读了语文基础知识，各种文体写作，银行基础知识等书籍，现在一般的调查报告、简报等应用文都能写了。

第二章 公文概论

第一节 公文的含义、特点、作用及分类

一、公文的含义

公文又称公务文书，是国家机关、社会团体、企事业单位在处理公务活动中，为行使职权、实施管理而制作的具有法律效用和规范体式的文件。公文是治理国家、管理社会的工具。在我国，公文是党和国家行政机关在领导党的事业和治理国家方面表达意志、传达政令的文字工具和手段。

公文有广义与狭义之分。广义的公文既包括法定公文（2000 年 8 月 24 日国务院发布的《国家行政机关公文处理办法》中规定的 13 种公文与 1996 年 5 月 3 日中共中央办公厅印发的《中国共产党机关公文处理条例》中规定的 14 种公文），也包括诸如计划、总结、调查报告等机关常用的事务公文。狭义的公文则专指法定公文。本教材所讲的公文是狭义的法定公文。

二、公文的特点

公文作为表达社会组织集团意志的文书，具有如下特点。

1. 内容的公务性

党的机关公文是“党的机关实施领导、处理公务”的文书；行政公文是“行政机关”用于“行政管理”的“公务文书”。这就把公文从内容和作用上与一般的公开发表的文章严格区别开来了。

2. 作者的法定性

一般情况下，文章的作者即指文章的撰稿人，作者和撰稿人是同一概念。但

在公文写作中，公文的作者是依法成立并能以自己的名义行使职权和承担义务的国家机关、社会团体、企事业单位。也就是说，制发公文必须是法定机构及其代表人。公文的这种法定性是受国家法律保护的。我国《刑法》第二百八十条规定：伪造、变造、买卖或者盗窃、抢夺、毁灭国家机关公文者，处三年以下有期徒刑、拘役、管制或者剥夺政治权利；情节严重的，处以三年以上十年以下有期徒刑。

3．体式的规范性

为了维护公文的权威性、准确性、有效性，便于公文的写作、运转、处理，《中国共产党机关公文处理条例》和《国家行政机关公文处理办法》都要求公文有“规范的格式”“规范的体式”，并对公文的文体、结构、格式进行了具体的统一规范，并要求各单位“照此办理”。这是公文区别于其他文字材料的显著特点。

4．功能的权威性

公文是安邦治国的“重要工具”，代表国家的权力和意志，传达制发机关的决策与意图，对主要受文单位在法定时间和空间范围内产生强制性作用。特别是公文中的下行文，其权威性更加明显。如命令、决定、通告、通知、批复等，或是国家方针的具体化，或本身就是法律法规，要求受文单位准确地传达、贯彻、执行，如有违背，轻则受纪律处分，重则被绳之以法。

三、公文的功能与作用

1．领导和指导作用

公文用于传达、贯彻党和国家的方针政策和各项指令，在公务活动中发挥领导与指导的作用，是各级机关开展各种活动的重要依据。一般情况下，直接的上级领导机关的行政公文对下级机关的工作起领导指挥作用；上级业务指导机关的行政公文对下级职能机关的业务活动更多的是起指导作用。正是公文的这种领导和指导作用，才有效地维护了政令统一，保证了工作的整齐划一。

2．沟通协调作用

沟通协调就是改善和调整各机关、各部门、各项活动之间的关系，使各项管理活动分工合作、密切配合、步调一致，实现共同的目标。而公文就是实现这种沟通协调作用的重要手段。因为它既可以在上下级机关之间垂直逐级行文，也可以在左右平级机关和不相隶属机关之间横向直接行文，从而有效地保证了上下左右政务信息畅通，决策有效迅速，使各项公务活动和管理工作顺利进行。

3．规范作用

在党和国家所使用的公文中，有相当一部分是用来制定和发布全国或地方性的各种法律、法令和行政法规的，它规范着公务活动和人们的行为，要求人们必须坚决执行，国家以强制力来保证它的权威性。如《中华人民共和国宪法》用“公告”的形式发布；《中华人民共和国证券法》用“命令”的形式发布；各级行政机关的法规也都用行政公文的形式发布。这些法律、规章，都具有准绳和规范作用。

4．宣传和教育作用

公文是党和国家机关意志的体现，是保证党和国家的路线及各项方针、政策顺利贯彻执行的工具。它不仅要告诉人们做什么，怎么做，还要让人们知道为什么去做。所以，各级党政机关经常制发一些着眼于对干部群众进行思想教育的公文，以提高人们的思想认识。

5．凭证和依据作用

公文是公务活动的原始记录，它不仅具有现实价值，而且具有重要的“字据为证”的作用。首先，它是机关办事的重要依据；其次，它是日后检查工作的依据；最后，它发挥着超越时间的凭证作用。

四、公文的分类

为了方便公文的撰制、处理和管理，可根据不同的标准，从不同的角度，对公文进行分类。目前比较常见的划分方法如下。

1．按公文的性质作用划分

（1）指导性公文：命令、决定、批复、通知、通报、意见、决议、指示。

（2）规范性公文：条例、规定。

（3）公布性公文：公告、通告、公报。

（4）呈请性公文：议案、请示、报告。

（5）商洽性公文：函。

（6）记录性公文：会议纪要。

2．按公文的行文方向划分

（1）下行文。下行文是指上级机关对有隶属关系的下级机关发送的公文，包括命令、决定、决议、意见、公告、通告、公报、通知、通报、批复和会议纪要等。没有领导关系或业务指导关系的机关之间，不得使用下行文。

（2）上行文。上行文是指在垂直领导系统中下级机关向上级机关呈送的公文，包括报告、请示等。

(3) 平行文。平行文是指不相隶属的机关或平行机关之间的往来公文。典型的平行文有函和议案。

3. 按公文的适用范围划分

(1) 中国共产党机关公文。现行的党的机关公文执行的是1996年5月3日印发的《中国共产党机关公文处理条例》中规定的14种，包括决议、决定、指示、意见、通知、通报、公报、报告、请示、批复、条例、规定、函、会议纪要。

(2) 国家行政机关公文。行政公文经过先后五次调整和修改，2000年8月24日国务院颁布的《国家行政机关公文处理办法》规定，行政公文有13种，包括命令（令）、决定、公告、通告、通知、通报、议案、报告、请示、批复、意见、函、会议纪要。《国家行政机关公文处理办法》从2001年1月1日起实施。

党的机关公文和行政机关公文相比，有9种公文是完全相同的，即决定、意见、通知、通报、报告、请示、批复、函、会议纪要；有5种公文是党的机关公文独有的，即决议、指示、公报、条例、规定；有4种公文是行政机关特有的，即命令（令）、公告、通告、议案。

思考与练习

1. 什么是公文？它和一般的文章有什么不同？
2. 怎样理解公文是“经国之大业，不朽之盛事”？
3. 我国现行的行政机关公文的规定是哪年修改和哪年开始执行的？
4. 行政公文和党的机关公文有什么不同？
5. 根据公文的行文方向和适用范围的不同，区分下面公文所属类别：
   决议、命令、函、公报、请示、意见、条例、规定、报告

第二节　公文的格式与结构

一、公文的格式

1. 行政公文的格式

000001　　　　　　　　　　　　　　　　　　　　　　　　机密★3 年
　　　　　　　　　　　　　　　　　　　　　　　　　　　特急

×××市人民政府文件

××发〔2010〕×号　　　　　　　　　　　　　　　签发人：×××

关于×××的请示

×××省人民政府：

××。

附件：1. ×××××
　　　2. ×××××

（×××市人民政府印）
二○一○年×月×日

（×××××）

主题词：×××　×××　×××

抄送：×××，×××。

×××市人民政府办公室　　　　　　　　　　二○一○年×月×日

2. 党的机关公文的外在格式

格式一：

000001　　加急

机密★一年

中共××市委文件

×党发〔2011〕×号　　签发人：

★

关于×××的请示

中共××省委：

××。

附件：1. ×××××；

2. ×××××。

中共×××市委员会（印）

2011年×月×日

印发传达范围：（党的机关）

主题词：

抄送：×××，×××。

中共×××市委办公室　　2011年×月×日印发

格式二：

000001　　　　　　　　　　　　　　　　　　　　　　　　　　　　　　　　　**加急**

机密★一年

中共××市委员会（报告）

×党发〔2011〕×号　　　　　　　　　　　　　　　　　　　　　　签发人：

★

关于×××的报告

中共××省委：

××。

附件：1. ×××××；

2. ×××××。

中共×××市委员会（印）

2011年×月×日

印发传达范围：

主题词：

抄送：×××，×××。

中共×××市委办公室　　　　　　　　　　　　　　　　　2011年×月×日印发

二、公文的内在结构

公文的文面格式包括眉首、主体、版记三部分。

1. **眉首部分**

眉首由公文份数序号、秘密等级和保密期限、紧急程度、发文机关标识、发文字号、签发人组成。

（1）公文份数序号。公文总印数的流水号，一般只用于大量印刷或有秘密等级的公文，便于发文时逐份登记，清退时对号注销。党的公文叫“份号”，行政公文叫“公文份数序号”。均标在公文首页的左上角。

（2）秘密等级和保密期限。密级分三级，即秘密、机密、绝密。一般和保密期限写在一起，中间加★。党的公文叫“密级”，行政公文叫“秘密等级”。前者要求标在份号下面，即左上角的份号下面。

（3）紧急程度。紧急程度是指对公文送达和处理的时限要求。只有需要紧急处理的公文，才需要标注紧急程度。党的公文的紧急程度分“特急”和“加急”；行政公文分“特急”和“急件”。前者未明确规定标注于文件的什么位置，一般习惯标注在右上角；后者则明确规定要标注在秘密等级下面。

（4）发文机关标识。党的机关公文称为“版头”。行政公文由发文机关名称加“文件”二字组成。党的公文除了发文机关全称或者规范化简称加“文件”二字外，还有另一种形式，即发文机关名称加括号标明文种。

（5）发文字号。发文字号是发文机关编排的公文代号。它由机关的代字、年份和顺序号组成。如国发〔2002〕5 号，表示的是国务院 2002 年发出的第 5 号文件。行政公文规定：年份应标全称，用六角括号“〔〕”括入；序号不编虚位，不加“第”字。

不具备独立法人资格，即不具备对外独立行文资格的职能部门所发公文的字号要在机关代号后加职能部门的代字，如“粤府办〔2002〕2 号”。

（6）签发人。上报的公文需标明签发人、会签人姓名，平行排列于发文字号右侧。发文字号居左空一个字，签发人姓名居右空一个字。如有多个签发人，主办单位签发人姓名置于第一行，其他签发人姓名依次置于其后。

2. **主体部分**

主体部分包括标题、主送机关、正文、附件、成文日期、公文生效标识、发文机关署名、附注等。

（1）标题。公文标题由发文机关名称、事由、文种三部分组成。

（2）主送机关。主送机关即公文的受文机关，是负责承办或答复公文内容的机关。除公告、通告、会议纪要外，对外行文都应有主送机关。上行文的主送机关只能有一个；下行文可根据需要确定一个或若干个，但都不得主送给机关的领导人。党政机关公文均称“主送机关”，位置均规定在标题下方靠左顶格。

（3）正文。正文是文本的主体，一般由开头、正文、结尾三部分组成。

（4）附件。附件是附属正文的印证性、说明性的材料，如图表、名单、规定等。党政机关公文均称“附件”，都规定在正文下方加以标注。行政公文还规定，附件名称后不加标点符号。

（5）成文日期。成文日期即公文的生效时间。党的机关公文规定，成文日期位于发文机关署名右下方；行政公文由于不署发文机关名称，故位于正文右下方。党的机关公文的成文时间使用阿拉伯数字，行政公文则要求使用汉字。公文的成文日期依据以下情况确定：一般公文以发文机关的领导人签发日期为准；法规、规章类公文以批准日期为准；会议类公文以会议通过日期为准；张贴、公布、告示类公文以公布日期为准。

（6）公文生效标识。公文生效标识是证明公文效力的表现形式，它包括发文机关印章或签署人姓名。

党的机关公文要求，除会议纪要和印制的有特定版头的普发性公文外，公文应当加盖发文机关印章。规定：加盖印章应当上距正文2～4毫米，端正、居中下压成文时间。对于行政公文来说，生效标识，即公文具有法定效力的标志，它有两种形式：一是加盖发文机关的公章；二是签署发文机关领导的姓名。联合上行文由主办机关盖章；联合下行文所有的行文机关都应加盖印章。

党的机关公文称“印章或签署”为“发文机关署名”，要求应当用全称或者用规范化简称，位于正文的右下方。

行政公文规定：单一机关制发的公文在落款处不署发文机关名称，只标识成文时间；当联合行文需加盖两个印章时，应将成文时间拉开，两个印章均压成文时间，左右各空7字，主办机关印章排列在前；当联合行文需加盖三个以上印章时，为防止出现空白印章，应将各自的发文机关名称（可用简称）排在发文时间和正文之间。

（7）附注。党的机关公文叫“印发传达范围”，即公文需要说明其他事项的注释，一般是对公文的发放范围、使用时应注意的事项加以说明，如“此件发至县团级”“此件可见报”等。要求在成文时间下方居左标注。

3．版记部分

版记部分由主题词、抄送机关、印发机关和印发日期组成。

（1）主题词。主题词是根据公文内容总结、归纳出来的能反映公文基本内容的规范化词，主题词的作用是方便电脑存储和检索文件。

公文主题词通常由公文制发机关的最高行政主管机关负责制定和发布。

（2）抄送机关。抄送机关，即需要了解公文内容的或需要备案的次要机关。其位置在主题词下一行居左空一个字。抄送机关之间用逗号隔开，最后要标注句号。

（3）印发机关和印发日期。印发机关是指具体印发该文件的机关部门。印发日期是指公文付印的日期。

三、主题词的标引

主题词是用于揭示公文内容的规范化词。标引主题词是一项重要的文书工作。公文主题词通常由公文制发机关的最高机关负责制定和发布，如现在公文使用的主题词就是国务院 1997 年 12 月 20 日修订发布的《国务院公文主题词表》里的词。

1. 现行《国务院公文主题词表》的体系结构

《国务院公文主题词表》分主表和附表两大部分，共 1 049 个主题词。这些词分三个层次排列：

第一层：区域词。这一层次将表中 1 049 个词，根据内容不同，分别归入 15 个大类。如“综合经济”类、“公安、司法、监察”类等。

第二层：类别词。这一层次是对第一层的 15 个区域大类进行具体分类。如“综合经济”进一步细分为“计划”“经济管理”类，“公安、司法、监察”细分为“公安”“司法”“监察”类。

第三层：类属词。这一层次是对第二层的类别词作进一步细分。如“司法”类细分为“政法、法制、法律、法院”等词。

2. 主题词标引的原则与方法

（1）标引时应当根据主题词的含义由大到小、从内容到形式的次序进行。由于标引主题词不受主题词类别限制，所以标引时应当根据主题词的含义由大到小、从内容到形式这样的次序进行。一份公文除类别词外，最多不超过 5 个主题词，且最后一个主题词一般都是表示文种的。

（2）主题词的标引顺序是先标“类别词”再标“类属词”。所谓“类别词”是指反映主题内容的类别，“类属词”是反映文件内容和形式（文种）的词。标引顺序是：先标类别词，再标类属词。在标类属词时，先标反映文件内容的词，后标反映文件形式的词。如《关于 2010 年广东省高速公路建设目标任务完成情况的通报》，先标反映文件内容所属范围的类别词“交通”，再标反映文件具体内容的类属词“公路”，最后标反映文件形式的类属词“通报”。其结构形式为“交通　公路　通报”。

(3) 一份文件如果有两个以上的主题内容，应先对一个主题内容进行标引，然后对第二个主题内容进行标引。如《国务院关于在若干城市实行国有企业兼并破产和职工再就业有关问题的通知》，首先标引反映第一个主题内容的类别词“经济管理”，再标引反映文件具体内容的类属词“企业”“破产”，然后标引反映第二个主题内容的类别词“劳动”，接着标引反映文件具体内容的类属词“就业”，最后标引反映文件形式的类属词“通知”。其结构形式为“经济管理　企业　破产　劳动　就业　通知”。

在行文中，可根据需要，将不同类的主题词进行跨类标引。如《国务院关于“九五”期间深化科学技术体制改革的决定》可标引为“科技　体制　改革　决定”。

(4) 动词不可单独使用，应与相关的词组搭配成名词性词组。以“打击经济犯罪”为例，不可出现“打击”“经济犯罪”，应为“经济”“打击犯罪”。

(5) 标引地名、人名时，应尽量使用全称。

(6) 标引主题词目之前，要居左顶格冠以“主题词”3 字，用 3 号黑体字，后加冒号，冒号后标注主题词的词目，用 3 号小标宋体字。主题词之间要空一个字格的间隙。主题词位于抄送机关上方，中间用一条黑色的隔离线隔开。

思考与练习

1. 填空。

(1) 公文的文面格式由________、________、________三部分组成。它是公文的______________在形式上的体现。

(2) 公文的发文字号是由_________________________组成的。广州市人民政府办公厅 1999 年 2 号文发文字号是________________。

(3) 主送机关是指负责____________的机关。抄送机关是指____________的机关。

(4) 公文的发文时间以________________时间为准。

(5) 标题中除________________公文以外，一般不加标点。

(6)《国务院关于发布〈国家行政机关公文处理办法〉的通知》的主题词是____。

2. 给下面文字加上标点，并按公文的格式排列。

国务院办公厅关于公司名称冠以中国等字样问题的通知各省自治区直辖市人民政府国务院各部委各直属机构为了规范公司名称加强对公司名称的管理根据国务院决定通知如下今后除国务院决定设立的公司外其他新设立的公司包括其他各类经济实体一律不得在名称中冠以中国中华全国国家国际等字样

第三节　公文的行文规则

为确保公文迅速而准确地传递，避免行文紊乱，防止公文“旅行”，《国家行政机关公文处理办法》对公文的行文方向、行文方式进行了规定，目的在于加强对文件传递过程的控制，使文件的行文方式正确，传递速度合理。

一、根据工作关系准确行文的规则

机关之间的工作关系是根据机关各自的系统归属和职权范围决定的。这些关系概括起来主要有四种：一是同一组织中的上下级机关之间的领导与被领导关系；二是同一专业系统中的上级业务主管部门与下级业务部门之间的指导与被指导关系；三是同一系统中的同级机关之间的平行关系；四是既不同组织系统又不同专业系统的机关之间的不相隶属关系。

以上四种机关工作关系决定了公文的三种传递方向：一是处于领导、指导地位的上级机关可以向被领导、被指导的下级机关主送下行文；二是被领导、被指导的下级机关应向上级领导、指导机关主送上行文；三是平行机关、不相隶属机关之间相互主送平行公文。

二、正确选择行文方式，不得越级行文的规则

行文方式是指机关之间公文传递路线的结构形式，主要有逐级行文、多级行文、越级行文、直接行文等方式。机关对外行文要依据需要和可能，选择适宜的行文方式。一般情况下，在上下级领导或指导关系的机关之间，应采取逐级行文的方式，不得越级行文。为加快公文传递速度，在必要时可以采用多级行文的方式。只有在特殊情况下才能越级行文。具体包括：

(1) 向上级机关行文，一般要按照直接的隶属关系而不应越级。例如，市人民政府一般应向省人民政府行文，而不应越过省人民政府而直接向国务院行文；若遇有特殊情况需要越级行文时，也应抄送直接的上级机关，以便上级机关了解情况或协助处理。

（2）上级机关或业务主管部门向下级行文，一般也要按照直接隶属关系而不应越级；若遇特殊情况需要越级行文时，应同时抄送直接的下级机关或业务主管部门，以便于其了解情况或协助贯彻。

三、正确选择主送机关、抄送机关的规则

除普发性公文外，一般一份公文只有一个主送机关，以防止多头主送贻误处理。除领导直接交办的事项外，公文不能主送领导个人。抄送机关的选择，主要根据以下几种情况：向下级机关的重要发文要同时抄报直接上级机关；受双重领导的机关向上级机关请示，应明确主送机关和抄送机关；上级机关向受双重领导的下级机关行文，应抄送另一上级机关；公文内容涉及有关机关的职权范围需要征得其配合时，应向其抄送。有下列情况则不得抄送：请示在上报的同时，不得向下级机关抄送；接受抄送的机关不得再向其他机关抄送；凡与公文办理无关的机关一律不得接受抄送。

四、党政分开的规则

党政机关应分别在自己的系统内制发公文。上级党委可以向政府机关和群众团体的党组、党委行文，但在行政机关党组织尚未撤销之前不宜直接向政府机关发指示；政府机关不得对党组织作指示、交任务，但政府机关可将涉及路线、方针、政策的重要文件交同级党委审核。

五、联合行文时应同级联合的规则

因工作需要，两个或两个以上机关联合行文时，必须级别相同。同级政府之间、同级政府部门之间、上级政府部门与下级政府之间可以联合行文；政府及其部门与同级党委、军队机关及其部门可以联合行文；政府部门与同级人民团体和行使行政职能的事业单位、公司也可以联合行文。联合行文必须是确有必要，单位不宜过多。

六、行文前必须对有关问题协商一致的规则

《国家行政机关公文处理办法》第十九条规定：“部门之间对有关问题未经协商一致，不得各自向下行文。如擅自行文，上级机关应当责令纠正或撤销。”

七、严格控制公文数量，简化行文手续的规则

发文超过了实际需要的量度，将妨碍文件现行效用的发挥，所以必须严格控

制公文数量，简化行文手续。

八、请示的规则

《国家行政机关公文处理办法》第二十一条规定：“‘请示’应当一文一事；一般只写一个主送机关，需要同时送其他机关的，应当用抄送形式，但不得抄送其下级机关。‘报告’不得夹带请示事项。”

思考与练习

1. 为什么要制定公文行文规则？
2. 广东省卫生厅可否与广州市卫生局联合行文？为什么？
3. 江门市某高校欲增设专业，应向谁请示批准？为什么？抄送机关是谁？

第四节　公文的文本与处理

一、公文的一般文本格式

在公文的形成过程中，有多种文本产生。它们在内容、外观形式、效用等方面，都表现出很大的不同。常见的公文文本如下。

1. 草稿

供讨论、征求意见、审批用的非正式文稿，不具备正式公文的效用。草稿的外观特点是没有生效标识（签发、用印等）。

2. 定稿

内容已定，已履行法定生效程序的最后完成稿。它具备正式公文的效用，是制作公文正本的标准依据。

3. 正本

根据定稿制作的供主要受文机关使用的具有法定效用的正式文本。它盖有公文生效标识：印章或签署等。

4. 试行本

规范性公文正本的特殊形式。它在规定的试验推行期间，具有正式公文的法定效用。

5．**副本**

公文正本的复制本，供存查用。

6．**暂行本**

规范性公文正本的一种特殊形式，在规定的暂行推行期内，具有正式公文的法定效用。

7．**修订本**

规范性公文的另外一种特殊形式，是已发布生效的公文，经实践检验重新修订、补充后发布的文本。原文本自修订本发布之日起废止。

8．**不同文字稿本**

同一公文的不同文字的文稿或文本。

二、公文处理及其基本任务

公文处理是指公文从起草、创制、传递、办理到立卷、归档、保管的一个完整的公文运转流程。在这整个流程中，每一个环节前后衔接，环环相扣，形成一个整体。

公文处理的基本任务是及时、准确、有效地创制、加工、传递、保管、处置公文，为公务活动提供有用的信息。

公文处理程序及分工示意图如下：

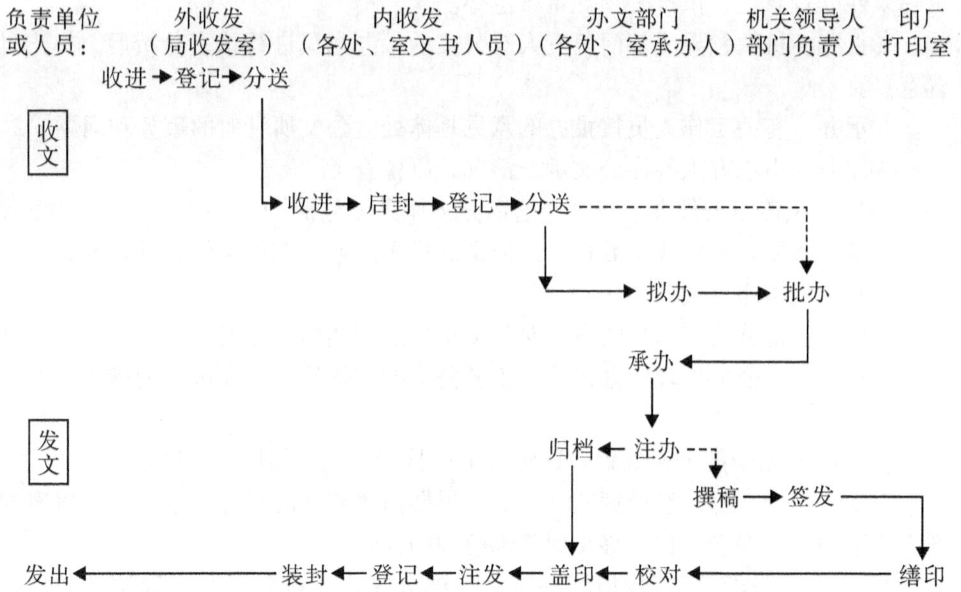

这个示意图的上半部分为收文的处理，下半部分是发文的处理。横向第一行是负责某项工作的单位及人员，与其分别相对的，是他所承担的公文处理工作环节。箭头表示工作环节之间的承接顺序。工作具体内容分述如下。

1. 收文处理

收文处理具体包括对来自本机关外部的所有公文进行的处置与管理活动。

收文的一般程序为：

（1）公文的收受与分流。这部分工作具体包括签收、外收文登记、启封、内收文登记、分办、摘编。

①签收。机关的外收发人员对公文履行规定的确认、清点、核对、检查、签注手续。

②外收文登记。外收发人员在完成签收工作之后，对收文工作进行简要的记载。

③启封。外收文登记完后，公文送至内收发部门或有关领导处签收、启封。

④内收文登记。由内收发人员对收文情况进行较详细的记载。

⑤分办。对公文进行分类筛选后，由指定的有关人员根据公文的重要程度、各部门的职责分工，将公文分送有关领导、有关部门阅知办理。

（2）收文的办理。这部分工作具体包括拟办、批办、承办、注办四个环节。

①拟办。由部门负责人或有关具体工作人员经过对公文认真阅读分析后，提出建议性处置意见，供有关领导审核定夺。

②批办。机关领导或部门负责人对公文的拟办意见进行认真分析后，提出处置意见。

③承办。有关工作人员按批办的意见具体处置公文所针对的事务和问题。

④注办。由承办人签注公文承办情况，以备查考。

（3）组织传阅与催办、查办。这部分工作具体包括：

①组织传阅。独份或份数很少的公文需经多人或多部门阅知、处理时，使公文快速有效地传递、阅读的活动。

②催办。根据公文承办时限，对公文承办过程实施的催促检查工作。

③查办。由公文处理管理机构对重要公文的实际执行情况进行的核查协办工作。

（4）办理完毕的公文处置。这部分工作具体包括立卷归档、销毁。

①立卷归档。将已经处理完毕的文件根据内容或时间组合为案卷，再以案卷作为档案的基本保管单位，移交保管部门归档保管。

②销毁。将没有存档价值和存查必要的公文，经过鉴别和主管领导的批准

后，进行定期销毁。

2. **发文处理**

发文处理是指机关内部为制发公文而进行的公文创制、处理与管理活动。它具体包括以下几个环节。

（1）文稿的形成。文稿的形成一般经过拟稿、会商、核稿、签发等程序。

①拟稿。草拟公文的文稿。

②会商。当公文的内容涉及其他有关部门时所进行的协商活动。

③核稿。拟就的文稿在送交有关领导签发或会议讨论通过之前，由部门负责人对文稿进行的全面核查工作。

④签发。机关领导或被授予专门权限的部门负责人对文稿终审核准后，批注正式定稿和发出意见，签署姓名、日期的活动。

（2）公文的制作。公文的制作一般经过注发、缮印、用印或签署。

①注发。公文在签发定稿后，批注缮写印发要求的活动。它的作用是将签发意见进一步具体化、技术化。

②缮印。以誊录抄写、印刷等方式制作对外发出的公文。

③用印或签署。在印好的公文上加盖发文机关的公章，或请有关领导在公文正本上签署姓名，以示公文开始正式生效。

（3）公文的对外传递。公文的对外传递工作包括分装、发出。

①分装。将已签署、用印的公文按规定具体拣配、封装。

②发出。将已封装的公文以适宜的方式发送给受文者。处置完毕的发文，也要进行立卷归档。

思考与练习

1. 公文的收文有哪些环节？
2. 公文的发文有哪些环节？
3. 立卷的公文需要具备哪些条件？
4. 什么是公文的注办？
5. 公文处理中拟办和批办有什么不同？

第三章　常用公文

第一节　决　定

决定是党政机关普遍使用的一种下行文。《国家行政机关公文处理办法》规定，决定“适用于对重要事项或重大行动作出的安排，奖惩有关单位及人员，变更或者撤销下级机关不适当的决定事项”。

一、决定的特点

1．制约性

决定是对重要事项或重大行动作出决策和安排，一般由党政领导机关制发，要求下级贯彻执行。决定的制约性主要表现在领导性和规定性上。

2．指导性

决定往往是上级领导机关重大决策的体现，所以具有较强的理论、政策的指导性。

二、决定的种类

1．知照性决定

即对重大事项做出决断并予以公布，使有关人员知照的决定。如表彰性决定、处分性决定、机构设置决定、人事安排决定、变更性决定等。

2．指挥性决定

即对重大事项或重要工作进行部署或安排，要求有关单位、人员必须遵守执行的决定。

三、决定的写法

决定一般有两种形式：一种是无主送机关，其结构包括标题、题注、正文三个部分。另一种有主送机关，其结构包括标题、主送机关、正文、生效标识、成文时间五部分。

1. **标题**

决定的标题一般要求使用完全式，即发文机关+事由+文种。

2. **题注**

题注一般包括通过的机构和时间两部分，有时只写通过的时间。标在标题正下方，用括号括上。

3. **主送机关**

决定是下行文，主送机关有一个或多个。

4. **正文**

决定的正文内容一般由缘由、事项、结尾三部分组成。

决定的缘由或阐述目的、意义，如“为履行宪法赋予全国人民代表大会及其常务委员会的职责，贯彻依法治国的方略，规划预算行为，厉行节约，更好地发挥中央预算在发展国民经济、促进社会进步、改善人民生活和深化改革、扩大开放中的作用，必须加强对中央预算的审查和监督。为此，特作如下决定”（《全国人民代表大会常务委员会关于加强中央预算的审查监督的决定》）；或说明形势背景，如本节的例文二；或交代根据。总之，写决定的缘由要求文字精当，开门见山，且要充分、概括、合理。

决定的事项要根据具体内容，并结合实际来写。一般指挥性决定是写清对某项工作确定的原则、提出的要求、采取的措施办法等；知照性的决定写清对某事某人表明态度、作出安排和处置等。形式上可根据具体内容，或分条列项，或多段，或缘由、事项合一。不管采取何种形式，决定的事项都要写得具体、明确。

决定的结尾根据具体内容或写明要求，或提出希望和号召。

四、例文分析

［**例文一**］

辽宁省人民政府关于表彰全省对外开放工作先进集体和先进个人的决定

各市人民政府，省政府各厅委、各直属机构：

改革开放30年来，特别是近年来，全省各级政府、对外开放战线广大干部职工坚持以邓小平理论和“三个代表”重要思想为指导，深入贯彻落实科学发展观，开拓进取，勇于拼搏，促进了对外开放工作蓬勃发展，为推动全省经济健康快速发展和辽宁老工业基地全面振兴做出了突出贡献，涌现出一批先进单位和先进个人。为表彰先进，推动全省进一步对外开放，省政府决定：授予沈阳市对外贸易经济合作局等30个单位“辽宁省对外开放工作先进集体”荣誉称号，授予许克非等20名同志“辽宁省对外开放工作先进个人”荣誉称号。

希望受到表彰的先进集体和先进个人珍惜荣誉，再接再厉，在今后的工作中取得更大的成绩。全省对外开放战线的广大干部职工要以受表彰的单位和个人为榜样，全面贯彻落实党的十七大精神，为开创辽宁对外开放工作新局面、加快辽宁老工业基地全面振兴、构建和谐辽宁做出新的更大的贡献。

附件：1.“辽宁省对外开放工作先进集体”名单

2.“辽宁省对外开放工作先进个人”名单

（辽宁省人民政府印）

二○○八年四月二十一日

（本文来源于辽宁省人民政府网）

【简析】

这是一篇表彰性决定，旨在表彰先进、树立典型、推动工作，既有知照性作用，又蕴涵有指导的性质。

因为这是关于改革开放的先进表彰决定，所以第一部分介绍背景，回顾了全省改革开放三十年来实践邓小平理论和“三个代表”重要思想所取得的成绩，作为表彰的依据，写得概括、充分、合理。第二部分以分条列项的方式写表彰事项，写得具体、明确。第三部分发出了号召，也提出了希望和要求。可以说，无论是内容，还是形式，正文都典型地反映了集体表彰性决定的结构特征。

［例文二］

国务院关于深化改革、严格土地管理的决定

（2004年9月21日）

实行最严格的土地管理制度，是由我国人多地少的国情决定的，也是贯彻落实科学发展观，保证经济社会可持续发展的必然要求。去年以来，各地区、各部门认真贯彻党中央、国务院部署，全面清理各类开发区，切实落实暂停审批农用地转用的决定，土地市场治理整顿取得了积极进展，有力地促进了宏观调控政策的落实。但是，土地市场治理整顿的成效还是初步的、阶段性的，盲目投资、低水平重复建设，圈占土地、乱占滥用耕地等问题尚未根本解决。因此，必须正确处理保障经济社会发展与保护土地资源的关系，严格控制建设用地增量，努力盘活土地存量，强化节约利用土地，深化改革，健全法制，统筹兼顾，标本兼治，进一步完善符合我国国情的最严格的土地管理制度。现决定如下。

一、执行土地管理法律法规

……

二、土地利用总体规划、城市总体规划、村庄和集镇规划实施管理

……

三、征地补偿和安置制度

……

四、健全土地节约利用和收益分配机制

……

五、建立完善耕地保护和土地管理的责任制度

……

各地区、各有关部门要以“三个代表”重要思想为指导，牢固树立科学发展观和正确的政绩观，把落实好最严格的土地管理制度作为对执政能力和依法行政能力的检验。高度重视土地的保护和合理利用，认真总结经验，积极推进土地管理体制改革，不断完善土地法制，建立严格、科学、有效的土地管理制度，维护好广大人民群众的根本利益，确保经济社会的可持续发展。

【简析】

这是一篇指挥性决定，旨在深化改革加强土地管理。

正文分为三部分：第一部分是发文的依据。它首先阐述了深化改革加强土地管理的重要意义；然后又从现状的角度说明了加强土地管理的必要性。这一部分有观点、有论据、有结论，论述得十分严密。这就为后面提出解决问题的措施和办法提供了充分的依据。第二部分是决定的事项。这部分针对上述问题，从五个方面，提出了二十五项解决的措施。行文采取了小标题的方式，既突出了主要内容，又眉目清晰。结尾提出要求，既高屋建瓴，又突出了主题。

思考与练习

1. 什么是决定？决定有哪些类型？

2. 决定与命令有什么不同？

3. 判断题。

(1) 决定是国家机关普遍使用的一种上行文。(　　)

(2) 决定往往是上级领导机关重大决策的体现，所以具有较强的现实指导性。(　　)

(3) 决定有一种是无主送机关的形式，其结构包括标题、正文两个部分。(　　)

(4) 决定的标题一般要求使用完全式。(　　)

(5) 知照性决定，即对重大事项或重要工作进行部署或安排，要求有关单位、人员必须遵守执行的决定。(　　)

4. 修改病文。

关于湖北省××县×××缝纫机厂侵犯天津缝纫机厂牡丹牌注册商标的处理决定

湖北省××县×××缝纫机厂擅自使用天津缝纫机厂牡丹牌注册商标，经协商湖北省××县工商行政管理局查处此案。为了保护商标专用权，维护名牌产品信誉，××县×××缝纫机厂擅自使用天津缝纫机厂牡丹牌注册商标，畅销自己的产品，进行欺骗群众，以其牟利，侵犯了商标专用权，违反了商标法，根据《中华人民共和国商标法》第三十八条第一款和第三十九条的规定：对××县×××缝纫机厂使用“牡丹”牌商标，责其停止生产，所查封牡丹牌贴花予以全部销毁，并公开在《人民日报》上检讨其错误，以挽回影响。

天津市××区工商行政管理局

20××年1月9日

5. 请以××市委、市政府的名义把《关于刘明涛同志挺身而出勇斗歹徒事迹的通报》(见本章第二节例文一) 改写成表彰性决定。

第二节　通　报

通报属于普发性下行文。《国家行政机关公文处理办法》中规定：“通报适用于表彰先进，批评错误，传达重要精神或情况。”从实践来看，通报也是党政机关使用频率较高的一种文种。

一、通报的特点

1．教育性

教育是通报的最终目的。但通报的教育作用不是靠命令、指示来实现的，而是通过有代表性、倾向性的事实，通过对这些事实的表扬、批评、倡导、强调来唤起人们的觉悟、注意，从而实现它的教育目的。

2．典型性

通报一般选择具有典型性、代表性的事项。表彰先进的通报事项必须是先进的，值得社会提倡、具有普遍的学习意义的；批评错误的通报事项一般代表了当前的某种错误思想和倾向；传达重要情况的通报事项一般是至关重要的、全局性的情况。否则，通报发挥不了启发、教育、引导作用。

3．及时性

通报和通知同属告知性公文，但它们有明显的不同。通知重在告诉人们做什么和怎么做，内容具体，要求明确，有严格的约束力。通报主要反映的是新情况、新问题、新经验、新苗头，因而一定要迅速、及时，否则就会影响通报效用的发挥。

二、通报的种类

1．按通报的内容性质分

（1）表彰通报。表彰通报就是表彰先进个人或先进单位的通报。这类通报着重介绍人物或单位的先进事迹，号召人们向其学习。

（2）批评通报。主要用于批评有错误的单位或个人、重大的责任事故，有时用于批评某种错误倾向。

（3）情况通报。就是用于报道、传达重要情况和有关精神的通报。如《广东省人民政府办公厅关于人大代表建议和政协提案办理情况的通报》。

2. 按发布的形式分

（1）直述式通报。发文机关直接进行阐述的通报。

（2）转述式通报。由发文机关将下级机关的报告、通报、典型材料、简报、经验介绍等以“通报”的名义，加以批转。

三、通报的结构

通报的一般结构由标题、正文、主送机关、生效标识、成文时间五部分组成。

1. 标题

标题的写法如下：

（1）发文机关+事由+文种。

（2）事由+文种。

2. 主送机关

通报是普发性的下行文，主送机关有一个或多个。

3. 正文

通报的正文由于种类的不同，写法也略有不同，现介绍如下：

（1）表彰性通报

①个别事迹表彰。

a. 先介绍先进事迹（时间、地点、人物、事件），陈述时有重点，详略得当。

b. 分析评价（行为的本质、意义、价值）与宣布表彰决定事项。有时分析评价与决定事项也可独立成段。

c. 希望号召。号召全体向某某学习，学习他的什么精神。

②集体表彰。

a. 先介绍背景，即总体的工作回顾和评价。往往以“……以来，……”起笔，以“经研究决定，给予通报表扬”过渡，再陈述事迹。

b. 宣布表彰决定（事项）。

c. 希望和号召，即希望被表彰者如何如何，号召全体向被表彰者学习等。

（2）批评性通报

①个别错误通报。

a. 叙述错误事实、分析定性，即分析错误行为的影响、危害程度、范围等。

b. 宣布通报决定（处理意见）。

c. 希望和要求。如希望某某引以为戒、吸取教训等。

②集体性错误通报。

a. 介绍背景，引出问题，即先介绍政策背景，再引出问题。如本节例文二。

b. 一一列举错误事实，讲清时间、事件和结果。

c. 分析定性，宣布通报决定。

d. 希望和要求。

(3) 情况通报

①单一情况通报。

a. 背景起因。

b. 介绍情况。

c. 分析问题。

d. 提出要求。

总之这类通报以传达、交流一些重大情况为主，同时可作些分析，并提出要求。常见的是把情况、分析、要求综合在一起，分成几个问题来写。

②多种情况通报。

a. 先介绍背景，引出问题。如本节例文三，先对新棉上市以来的总体情况进行了肯定，然后引出了“仍有一些地方、单位和个人置国家政策和法纪于不顾，私自收购棉花，公然扰乱棉花流通秩序”的问题。然后以“现将情况通报如下”或“决定予以通报”过渡。

b. 分条列项通报有关情况。

c. 最后作出明确指示或提出明确要求。如果指示或要求多的，要分条列项。

③转述式情况通报。

a. 引述来文，即现将×××《××××××××××》通报给你们。

b. 分析指示。

c. 提出要求。

四、通报的写作要求

1. 事实准确，实事求是

通报中所表彰或者批评的事实，务必真实确凿。写作前要对有关材料进行反复调查核实，务求准确无误。写作中不得对事实材料作主观夸大或者缩小，更不能虚构或者捏造。

2. 选取的材料典型，有说服力

通报要选取典型的、有代表性的、有普遍指导意义的事例，使通报具有教育作用，真正起到教育鼓励或者惩罚警戒的作用。

3. **通报要及时**

通报要及时就是要不失时机地将先进典型经验予以宣传推广；对反面典型予以批评，引以为鉴；对重大事项或者重要情况予以公布，引起重视，起到交流情况、指导工作的作用。

五、例文分析

[**例文一**]

关于刘明涛同志挺身而出勇斗歹徒事迹的通报

各区、县级交通局及局属各单位：

2010 年 12 月 1 日上午 9 时 30 分，××市交通管理总站司机班班长刘明涛同志利用空闲时间，在人民北路 466 号门前清洗车辆。突然，听到一名妇女叫喊："有人抢金链啊！"刘明涛同志立即警觉地放下手中的工作，四顾寻找罪犯。这时，歹徒正仓皇向他逃来。刘明涛一跃而起将他紧紧地抓住，身材高大的歹徒拼命挣扎。这时，在总站排队办证的一位同志赶忙前来相助。搏斗中，歹徒凶相毕露，抽出自制小口径手枪，向刘明涛开了一枪。刘明涛顿时满面鲜血倒在地上，歹徒往净慧路方向逃窜。此时北京街公安派出所冯永华、陈云文两名干警恰好路过，听见枪声后即驱车赶到，与群众合力把歹徒制伏。

刘明涛同志这种见义勇为，在危急关头不畏强暴，挺身而出，追搏歹徒的壮举已是第三次了。他用实际行动，谱写了一曲曲捍卫人民利益的赞歌。刘明涛同志是人民培育成长起来的优秀交管员代表，从他的身上，可以看到我们运管队伍忠于祖国、热爱人民、朝气蓬勃、奋发向上的精神。

为了表彰刘明涛同志不畏强暴、见义勇为的精神，弘扬社会主义道德风尚，维护社会治安秩序，局决定，给予刘明涛同志奖励，发给 5 000 元奖金。同时，决定通报全局及所属各机关单位，在交通局系统范围内开展向刘明涛同志学习的活动。

希望各单位干部、职工学习宣传刘明涛同志一贯疾恶如仇、不顾自身安危、对社会尽责、为人民服务献身的精神，围绕树立共产主义人生观这个根本问题，展开讨论，推动运管工作的发展，深入开展"五讲四美三热爱"活动，搞好社会主义精神文明建设。

市交通局（印）

二〇一〇年十二月十五日

【简析】

这篇表扬通报分四个部分。第一部分开门见山叙述事件经过。这是表彰的依据，也是发文缘由。第二部分分析事件的性质、意义和人物的品格，为下文具体表彰、提出学习号召提供依据。第三部分进行表彰。第四部分，提出学习的号召和要求。全文事实清楚，事件性质分析、评价准确，学习要求切合实际。如果事迹叙述部分能精练一点就更好了。

［例文二］

国务院办公厅

关于少数地方和单位违反国家规定乱集资问题的通报

各省、自治区、直辖市人民政府，国务院各部委、各直属机构：

关于稳定金融秩序、坚决制止乱集资和确保完成今年国库券发行任务问题，国务院及有关部门曾三令五申，并多次发出通知。今年2月27日，《国务院办公厅转发财政部、国家计委、中国人民银行关于一九九三年国债发行工作请示的通知》（国办发〔1993〕13号）中规定：要“继续贯彻国债优先发行的原则。在国库券发行期内，除国家投资债券外，其他各种债券一律不得发行。国债以外的各种债券利率不得高于同期国库券的利率”，并要求各级人民政府和国务院有关部门要严格做好各种债券发行的审批工作。4月1日，国务院领导同志再次强调指出：“集资一定要按国务院的规定执行，对违反规定的要登报批评。集资要经过一定的批准程序，要在国家规定的规模之内，利率不得超过国库券的利率。在今年国库券销完以前，一律不得发行企业债券。”4月11日，国务院又发出《关于坚决制止乱集资和加强债券发行管理的通知》（国发〔1993〕24号），并作了具体规定。但少数地区和单位有令不行、有禁不止，仍然我行我素，违反有关规定，在未完成国库券认购任务的情况下，利用发行债券、股票等多种形式进行集资。这种做法，不仅影响国库券发行任务的完成，而且严重扰乱金融秩序，对改革开放和经济建设危害很大。根据国务院领导同志的指示精神，现将有关情况通报如下。

今年4月18日，新疆维吾尔自治区在完成国库券认购任务之前，不按规定的程序审批，擅自决定新疆宏源信托投资股份有限公司公开向社会募集三千一百二十五万个人股，并向社会发售认购证，引起群众上街排队抢购以及炒买炒卖认购证的现象。4月，山东省济南创建实业公司违反有关规定，擅自向社会公开发行变相股票“不夜城”主体大厦建筑产权。2月，福建省中联产业投资综合开发有限公司，未经证券主管部门批准，伪造资信、蒙骗投资大众，擅自向社会发行

"环球金融大楼五年对本持产权合同"，年均收益率达26.67%。4月18日，上海市计委虽经国家批准发行浦东建设债券，但是以高于国库券零点五个百分点的利率发行。4月8日，河北物产企业（集团）公司（原河北省物资局）违反有关规定，委托建设银行石家庄第二办事处及所属储蓄所发售企业债券三千万元，债券期限为三年，年利率12.3%。

上述地区和单位违反有关规定的集资行为是错误的，经国务院同意，现通报批评，并作如下处理：

一、由新疆维吾尔自治区人民政府立即制止新疆宏源信托投资股份有限公司向社会募集个人股的活动，并对有关责任者给予严肃处理。在此事处理完毕前，暂不批准该自治区公开发行股票。

……

为了维护正常的金融秩序，保持社会稳定，促进改革开放和国民经济既快又好地健康发展，各地区、各部门和各单位都必须严格按照国发〔1993〕24号和国办发〔1993〕13号等文件的规定执行。各地区、各部门都要对本地区、本部门集资和发行各种证券的情况进行一次检查，凡违反规定的，要比照上述办法进行处理；对情节严重的，要加重处罚，同时登报公布。今后，对违反国家规定的集资活动，各新闻单位要发挥舆论监督作用，公开揭露其错误做法和违纪行为。

（国务院办公厅印）

一九九三年四月二十七日

【简析】

这是一篇批评性通报。一般集体性批评通报所通报的往往是一些地区、单位或部门违反有关政策的错误事实，所以通报的第一部分也往往先介绍政策背景，然后引出问题。这篇通报的第一部分就是先介绍了关于稳定金融秩序，坚决制止乱集资和确保完成今年国库券发行任务问题，国务院及有关部门曾三令五申，并多次发出通知的事实和基本内容，然后转折概括了少数地区和单位违反政策的错误做法，并对此作了定性分析。第二部分是通报的主体。它由通报情况与通报处理决定两部分组成。最后部分进一步提出要求。这篇批评通报事实认定清楚，处理意见得当，通报及时，充分体现了国务院制止乱集资问题的决心。

［例文三］

关于2010年上半年广东省
高速公路建设进展情况的通报

各地级以上市人民政府，各县（市、区）人民政府，省政府各部门、各直属机构：

今年以来，全省各地、各有关部门认真贯彻落实《珠江三角洲地区改革发展规划纲要（2008—2020年）》和“三促进一保持”战略部署，按照《2010年度广东省加快推进高速公路重点建设项目关键环节责任目标分解》（以下称《责任表》）的具体要求，通力协作，狠抓高速公路重点项目建设，取得明显成效，但征地拆迁难等问题仍较突出。现将有关情况通报如下：

一、高速公路建设项目总体进展情况

据统计，2010年上半年全省高速公路建设完成投资213.85亿元，为年度计划的44.7%，同比增长44%。全省高速公路除征地拆迁、用地预审外，大多数重点项目建设的关键环节能按照《责任表》的要求完成。目前在建高速公路项目35项共1 976公里。

……

二、当前影响高速公路建设进度的主要问题

（一）部分项目征地拆迁难度大。

……

（二）部分项目整体用地材料报批难。

……

（三）部分项目前期审批难度大，个别项目跨越铁路手续办理滞后。

……

三、下一步工作要求

各地、各部门要以深化作风建设、提高执行力为保障，狠抓重点项目建设，以严格问责为手段，加大政府督办力度，抓好各项工作的落实。

（一）进一步落实目标责任。

……

（二）进一步加强前期审批工作。

……

（三）进一步破解征拆难题。

……

（四）进一步抓好用地报批。

……

（五）进一步加强安全质量管理。

……

（广东省人民政府印）
二〇一〇年八月六日

【简析】

这是一篇单一情况通报。

全文分四部分。第一部分是发文背景。从总体情况起笔，对全省的高速公路建设工作给以总体肯定；第二部分介绍了 2010 年上半年全省高速公路建设的进展情况，既有总体的概括，又有具体的情况与数据支持，文笔简洁，说服力强。第三部分指出了当前影响高速公路建设进度的主要问题，全面切实，分析到位。最后提出下一步工作要求，很有现实的针对性。

思考与练习

1. 判断题。

（1）通报属于普发性下行文。（　　）

（2）情况通报主要用于批评有错误的单位或个人、重大的责任事故，有时用于批评某种错误倾向。（　　）

（3）通报的一般结构由标题、正文、生效标识与成文时间组成。（　　）

（4）按发布的形式来分，通报可分直述式通报与转述式通报。（　　）

2. 分析下面两篇短文，分别指出它们的文体的不同特点。

省属机关团委、总支、支部：

1 月 12 日晚，×××晚报社共青团员王××同志勇敢地擒拿了一名盗窃自行车的歹徒。在与歹徒搏斗中，他头部、右臂被刺伤，竟然毫不畏惧地紧紧抓住歹徒不放，使之落入了法网……

王××同志这种不畏强暴、见义勇为、坚决同损害人民利益行为作斗争的英勇行为，体现了一名共青团员的优良品质，省委直属机关团委决定给予通报表彰，并发给奖金。机关团委号召省委各直属机关单位的团员、青年向王××同志学习，坚决同各种坏人坏事作斗争，用自己的实际行动，促进社会风气的根本好转，为建设高度的社会主义精神文明作出贡献。

共青团×××省直属机关委员会
一九九九年二月十日

本报讯，昨晚，本报校对员、共青团员王××擒拿了一名偷车歹徒。王××在与歹徒搏斗中负伤。

当晚9时许，王××在××区新河浦四横路住宅楼下发现一男子撬自行车锁，感到可疑，即上前盘问要他一同前往派出所。此时，对面住宅走出一男一女，王××请他们协助，前往派出所。途中，撬车的男子突然掏出一头为匕首、一头为锤的凶器，用力猛击王××的头部。王××额头当场鲜血直流。歹徒又用凶器刺伤他的右臂。王××负伤后始终抓住歹徒不放，并对同行两人说："你们快去报案！"此时男的上前用力按住歹徒，女的骑车赶到派出所报案。公安人员闻讯赶来后将歹徒制伏。王××被送进医院后，头部伤口缝了六针。据了解，偷车歹徒是××县来的民工。

3. 根据下列材料，为××大学起草一份批评通报。

××大学××系94级学生1996年1月14日上午在《中国社会主义建设》课程考试中秩序很混乱。监考教师带着迷你机，经常在试室外面走动；试室内的学生有的偷看，有的叫别人传来书本查阅，有的交头接耳。

系领导听到消息后，深入调查，证实该级《中国社会主义建设》考试室秩序的确十分混乱，全级29个学生，作弊者超过20人。主考教师A，是经济系教师，考试中途，曾离开过考场；另一位监考教师B，是该系的教师，没有按时到考场监考。学校领导经研究后，决定给予全校通报处理，并取消本次考试成绩，对相关责任人给予记过处分。

4. 修改病文。

表彰通报

××厂，采取有力措施，切实贯彻《安全生产条例》，建立安全生产岗位责任制，实现全年生产无事故，成为市第一个安全生产年企业。为此，政府决定对××化工厂通报表彰。

××市政府
20××年×月×日

第三节　公告、通告

一、公告

公告属于告知性公文，是行政公文特有的文种。《国家行政机关公文处理办法》明确规定，公告“适用于向国内外宣布重要事项和法定事项”。但现在公告乱用现象较为普遍。

1．公告的特点

（1）内容重要。公告宣布的都是内容重要、事关全局的重要事项和法定事项，如重要领导人的出访、选举、逝世，宪法等重要法规的颁布，大型的军事演习等。

（2）对象广泛。公告的告知对象广泛，包括国内外广大受众。公告有时通过新闻媒体向全世界发布，信息接受面广，其他公文均不具备这一特点。

（3）制发机关级别较高。公告一般由较高级别的国家行政机关或权力机关及其常设机关制发，如全国人民代表大会，全国人民代表大会常务委员会，国务院，各省、市人民政府，各省、市人大及其人大常务委员会，或者授权新华社制发。基层单位不能滥用公告。

2．公告的种类

按作用分，公告可以分为两大类。

（1）宣布重要事项的公告。此类公告主要发布那些需要国内外周知的或在国内外有重大影响的事项。如《中共中央组织部、国家人事部2001年中央、国家机关录用考试公告》。

（2）宣布法定事项的公告。我国各级人民代表大会和人大常委会是立法机构，我国的许多法律法规都必须经过人大或人大常委会审议通过后才能生效。有些重要的法律法规就是人大或人大常委会用公告的形式公布的。

3．公告的写法

（1）标题。公告的标题有三种。

①完全式：发文机关＋事由＋文种。

②省略式：发文机关＋文种。

③只写文种。

（2）正文。公告的正文通常由缘由（依据）、事项和结语三部分组成。缘由部分通常写明公告的依据或目的，要求写得简明扼要。公告的事项部分是公告的具体内容，要求重点突出、条理清楚、语言简洁明确，如果内容较多，可分条列项。

4. **写作要求**

（1）不要滥用公告。公告宣布的都是内容重要、事关全局的重要事项和法定事项，且级别较高，一般的内容、一般的机关均不能用公告。

（2）语言要准确、精练。正由于公告的内容重要，对象广泛，因此，要格外注意语言的准确、精练，决不可模糊、啰唆，否则会造成不良影响。

5. **例文分析**

［**例文一**］

国　务　院

关于坚决制止冲击铁路确保铁路运输安全畅通的公告

最近，一些城市和地区相继发生冲击铁路、拦截列车、破坏铁路设施等严重威胁铁路运输安全畅通的恶性事件，给国民经济、人民生活和社会秩序带来重大损失和影响。为确保铁路运输安全畅通，促进经济发展，便利人民生活，维护社会安定，特公告如下：

一、各级人民政府和公安、铁路部门，要把保障铁路运输安全畅通作为一项重要任务，由领导同志亲自负责，组织足够力量，确保铁路运输畅通无阻。

二、任何人不得以任何借口冲击铁路车站，破坏铁路设施，在铁路上设置障碍，以及卧轨强行拦截列车等。一旦发生上述中断铁路运输或威胁铁路运输安全的违法犯罪情况，各级人民政府、公安部门和武警部队，可采取一切手段予以排除，并依法惩处。

三、各地武警部队要抽调适当警力，加强铁路重点部位的保卫工作，帮助铁路部门维护好车站秩序。对带头闹事和进行破坏的，要坚决予以打击，决不手软。

四、铁路运输部门的职工要坚守岗位，尽职尽责，严格纪律，坚决制止无票乘车，确保铁路运输安全畅通。

以上各点，各地要广为宣传，坚决贯彻执行。

（中华人民共和国国务院印）

一九八九年六月七日

【简析】

这是一篇重要事项公告，旨在告知重大事项，同时又有规定性作用。

标题的事由“坚决制止冲击铁路确保铁路运输安全畅通”概括全面、准确，态度坚决、语气强硬，体现了规定性重大事项公告的特点。

正文分三部分。第一部分写公告缘由，开门见山，从最近的恶性事件起笔，目的明确，引据确凿，为下文提出公告事项打下了坚实的基础；第二部分写公告事项，分四条陈述，从领导、公安、武警到铁路职工，各负其责，各司其职，对违规者处罚的规定也明确具体，表述严密、周全，用语凌厉、坚决、有力；最后部分是执行要求。

[例文二]

全国人民代表大会常务委员会
关于撤销成克杰第九届全国人民代表大会
常务委员会副委员长职务的公告

鉴于成克杰无视国家法律，滥用职权，收受巨额贿赂，谋取非法利益，其违法情节特别严重，已丧失了作为全国人民代表大会代表的基本条件……根据《中华人民共和国全国人民代表大会和地方各级人民代表大会选举法》第四十八条的规定……全国人大常务委员会决定撤销成克杰的第九届全国人民代表大会常务委员会副委员长职务。

特此公告

二〇〇〇年四月二十五日

【简析】

这是一份向国内外宣布重要法定事项的“公告”。全文由缘由、法律依据和决定事项、结语三个层次组成。开头以“鉴于”作句首，使用四个并列成分组成一个介词结构的短句，说明撤销成克杰全国人大常委会副委员长一职的原因，写得精练有力、一语中的；第二个层次是讲撤销的法律依据和决定事项，写得具体明确，既突出了法律程序与法制精神，又体现出作为最高权力机关的权威性；最后以“特此公告”结束全文，结构非常完整。

二、通告

通告是适用于在一定范围内公布社会各有关方面应当遵守或周知事项时所使

用的告知性公文。它也是行政公文特有的文种。

1. 通告的特点

(1) 适用范围的广泛性。通告是一种适用范围十分广泛的公文，从中央到地方到基层，无论是党政机关、企事业单位或者是群众团体，都可以根据各自的需要，在一定范围内发布通告。

(2) 发布内容的业务性。通告的内容多为一般性的、局部的、业务性的具体事项，如公安局的封路通告、国土局的征地通告、供电局的停电通告等。

2. 通告的种类

(1) 规定性通告（法规性）。此类通告主要公布行政机关的有关法规及行政措施，要求有关单位或人员应当遵守。

(2) 告晓性通告。此类通告公布的是让有关单位或个人应当周知的事项，如更换营业执照等。

3. 通告的写法

(1) 标题。通告的标题写法有四种。

①发文机关 + 事由 + 文种。

②事由 + 文种。

③发文机关 + 文种。

④只写文种。

(2) 正文。通告的正文包括缘由、事项和结尾三部分。

①缘由：简要说明通告的原因、目的或依据。

②事项：要具体，如果内容不多，不用分段。

③结语：告晓性通告一般用“特此通告”或“特此通告，不便之处，敬请谅解”等作结；规定性通告一般用“特此通告”或“本规定（通告）从通告（发布）之日（××××年×月×日）起执行”作结。

4. 例文分析

[**例文**]

北京市人民政府关于北京奥运会残奥会期间
加强汽车租赁安全管理的通告

为维护社会秩序，保障公共安全，确保北京奥运会残奥会顺利举办，根据《北京市人民代表大会常务委员会关于为顺利筹备和成功举办奥运会进一步加强法制环境建设的决议》，市政府决定自即日起至2008年9月20日止，加强本市汽车租赁安全管理。现就有关事项通告如下：

一、从事汽车租赁的经营单位和个人（以下简称汽车租赁经营者）自本通告发布之日起10日内，持营业执照副本向营业地当地公安机关办理备案登记。登记备案时，应当提交营业执照副本及复印件、法定代表人身份证件及复印件。

二、公民租赁汽车应当向汽车租赁经营者出示本人身份证件和机动车驾驶证。外国人租赁汽车应当向汽车租赁经营者出示本人护照、中华人民共和国机动车驾驶证或者本市公安交通管理部门核发的临时机动车驾驶许可证件。

三、汽车租赁经营者应当确保租赁的车辆符合安全运营和安全防范的要求。汽车租赁经营者应当按照规定严格查验核实承租人的有关证明文件和身份证件，如实记录承租人、车辆使用人的相关情况，并完整保存相关信息和复印件存档备查。

四、公安机关应及时为汽车租赁经营者办理登记备案手续，依法加强对汽车租赁经营者、从业人员和车辆的检查，指导、监督汽车租赁经营者落实内部治安保卫职责。

五、凡汽车租赁经营者违反本通告，存在治安隐患的，由公安机关按照《企业事业单位内部治安保卫条例》予以处罚；凡构成违反治安管理行为的，依照《中华人民共和国治安管理处罚法》予以处罚；凡构成犯罪的，依法追究其刑事责任。

特此通告

（北京市人民政府印）

二〇〇八年八月二日

（本文来源于北京市人民政府网）

【简析】

这是一份规定性的通告。开头缘由部分用三言两语就写明了安全管理的时间与通告的目的，十分简洁，又充分明确，为下文提出通告事项打下了基础。事项部分分条列项，内容概括具体，从租赁的单位、个人到租赁者，从执法者的职责到对租赁者的要求都写得具体、严密、周全，有分寸感。

思考与练习

1. 通告、公告都是知照性公文，它们有什么区别？
2. 下列情况应使用什么文种行文？

（1）税务局公布征收2010年第一季度税款。

（2）某市建设银行告知发行某债券的事项。

（3）某公海海域进行军事演习，告知各国行船、飞机绕道航行。

（4）某厂告知干部职工召开全厂大会。

（5）全国人大公布有关领导人的选举结果。

（6）告知某公司营业处搬迁。

（7）中国人民银行公布发行国库券的具体事项。

（8）某市港船监督局因航道施工，告知行船在一规定时间内航行注意事项。

3．判断题。

（1）公告是适用于在一定范围内公布应当遵守或周知事项时所使用的告知性公文。(　　)

（2）通告“适用于向国内外宣布重要事项和法定事项”。(　　)

（3）公告适用范围具有广泛性。(　　)

（4）通告、公告的告知对象广泛，包括国内外广大受众。(　　)

4．修改病文。

通　告

我公司经市政局、交通局批准，定在本月末改建××公路桥。为确保车辆行人安全，改建期间，这里不准行走，来往行人车辆，请弯路而去。

特此公告。

5．根据下面材料，请以××省教育厅、公安厅的名义写一份通告。

通告的具体内容为：没有经过学校的允许，无关人员不可以随便进入学校。对那些寻衅滋事，殴打、侮辱师生员工，抢劫师生员工财物，严重破坏学校秩序的犯罪分子，要坚决打击，依法惩处。任何单位和个人不准随便侵占学校的土地、校舍、操场以及学校的附属设施，不准到学校里面放牧、取土、采石、种植或占用学校场所搞其他的活动。不准破坏学校校舍、教学设备和环境卫生。不准堵塞学校的道路，污染学校的水源，卡断学校的电路，强行从学校通过。禁止各种商贩到学校里或者在学校门口摆摊叫卖。严禁翻印、出售、传抄、传阅反动淫秽书刊和播放反动、黄色歌曲。这份通告要求在公布之日起正式施行，对违反本通告的人，经教育又不改者，根据其情节轻重，将依法给予处分。通告发布的日期为20××年×月×日。

第四节　通　知

通知是传达性、告知性公文。《国家行政公文处理办法》规定：通知“适用于批转下级机关的公文；转发上级机关或不相隶属机关的公文；传达要求下级机关办理和需要有关单位周知或者执行的事项；任免人员”。

一、通知的特点

1．广泛性

通知是下行文，从发文机关看，它的使用不受发文机关级别限制，高级机关可以使用，基层机关也可以使用；党政机关可以使用，企事业单位也可以使用。从内容看，通知涉及内容广泛，大到国家大事，小到社会生活的某一方面，且行文简便，为公文中使用范围最广、使用频率最高的文种。

2．多功能

通知可用于转发上级机关的公文，对下级机关起指示作用。同时，通知具有知照性，可用于沟通情况、交流信息。它还有执行性，可用于布置、安排工作。所以说通知是多功能的、简便易行的文种。

3．时效性

通知具有明显的时效性，要求收文机关在指定的时限内办理、执行。

二、通知的种类

根据通知的适用范围与不同功能，我们可以把它分为以下七种。

1．指示性通知

指示性通知是上级机关对下级机关某项工作作出指示或安排，对某一具体事项的标准作出明确规定，要求下级机关认真贯彻执行，如《国务院关于在全国进行消费基金检查的通知》。

2．事项通知

向有关方面告知某一事项或交流某些信息，通报某些情况，不要求对方执行和办理，用事项性通知。如机关更名、更换印章、成立某一组织等，如《国务院关于成立国家新的物资管理机构筹备组的通知》。

3．批转通知

上级机关认为某一下级的报告、计划等具有普遍意义，用文件形式将其批转给所属其他下级机关，用批转通知。

4. 转发通知

发文机关认为上级机关或平行机关或不相隶属机关的公文对本系统、本机关工作具有指导意义，按行文关系不能直接下发，用转发通知。

5. 发布通知

发布通知是用于颁布行政法规的通知，它是以通知的形式颁布法规、办法等，使之成为某项工作的依据或准则。

6. 任免通知

任免这是上级机关向下级机关告知对有关人员任免决定时使用的，是通知中最简单的一种。

7. 会议通知

会议通知是用来告知有关单位或个人将要召开某一会议，并提出参加会议的有关要求的一种通知。

三、通知的写法

通知的结构一般由标题、主送机关、正文、公文生效标识和成文日期组成。其写法由于种类的不同而不同。

1. 指示性通知

（1）标题。指示性通知的标题有：

①发文机关 + 事由 + 文种。

②事由 + 文种。

（2）主送机关。通知是下行文，主送机关有一个或多个。

（3）正文。正文包括缘由、事项和结语三部分。

①缘由：主要说明和阐述制发通知的必要性（依据）及意义。这一部分要说得充分，有针对性。因为这类通知多是就某一突出问题而写的，所以缘由部分主要写存在的问题，有时还要对问题原因、实质（危害）等作必要的分析。如本节例文一。

②事项：通知的缘由讲清后，用“现将有关事宜通知如下”或“特作如下通知”等过渡语领起通知事项。通知的事项要分条列项写清楚，让人明白做什么、怎么做，即要写清原则、目的、内容、措施、步骤等。当然这几个方面不一定都写。

③结语：通知的结语，主要是写通知的要求，要写得简洁。当然有的通知把要求放在每条事项中。这样也就没必要非写结语不可了。

2. 事务性通知

（1）标题。事务性通知的标题有：

①发文机关+事由+文种。

②事由+文种。

③只写文种“通知”二字。

（2）正文。事务性通知结构简单，内容单一，因此不必分条列项，要求开门见山，直陈其事，写得具体明确，让对方明了有关情况或动态，使用结语“特此通知”，如本节例文二。

3. 发布性通知

（1）标题。标题由发文机关、被发布的法规或规章名称和文种组成，如《国务院关于发布〈国家行政机关公文处理办法〉的通知》。

（2）正文。

①明确写出发布对象（实施时间）。

②提出贯彻执行的希望与要求。

4. 批转性通知

（1）标题。由发文机关+批转+（下级机关名称）下级机关公文标题+文种组成，如《国务院批转国家体改委关于在治理整顿中深化企业改革强化企业管理的意见的通知》。

（2）正文。一般包括三个方面的内容：

①批转态度、意见。格式比较固定：发文机关+同意（批准）+（下级机关）+批转公文名称，现转发给你们，请结合本地区实际情况，认真贯彻落实（遵照执行、参照执行、研究执行）。

②批转的理由。批转的理由要强调通知事项的重要意义及希望，准确简要。

③执行要求。点明执行范围。

5. 转发通知

（1）标题。写法与批转通知相似：发文机关+转发+（上级机关名称）被转发的公文标题+文种。

（2）正文。一般分两部分：

①转发态度、意见。格式固定：现将《×××××××××》转发给你们，请结合（本地区、本系统、本部门）的实际情况，认真贯彻落实（参照执行）（请结合我××实际提出的以下意见，一并贯彻执行）。

②执行意见和要求。要具体、切实。包括执行的内容（执行什么）、执行的主体（谁具体执行）、执行的具体事项的说明（经费、时间等）。

6. 会议通知

（1）标题。会议通知的标题有：

①发文机关＋会议名称＋文种。

②会议名称＋文种。

（2）正文。正文由前言、事项、结尾三部分组成。

①前言。写明召开会议的缘由、根据、主持单位、会议名称（有的会议通知把会议缘由、根据部分省略了，只写明会议主持单位和会议名称）。接着以一过渡句“现将有关事宜通知如下”领起事项。

②事项。它包括会议内容、主要目的、文件准备、起止时间、与会人员、会议地点、报到日期、交通路线等。上述内容不是每份会议通知都具备的，其顺序也不固定，但其中的基本方面如会议内容、起止时间、与会人员、会议地点、报到日期等必须具备。

③结尾。写清联系方式。也有的会议通知把“联系方式”作为“事项”的最后一项。

7. 任免通知

这种通知一般只有一两句话，只写明决定任免时间、机关、会议或文件根据以及任免人员的具体职务就可以了。也就是只要写明通知的根据和内容就可以了。

四、例文分析

［**例文一**］

国务院关于切实加强艾滋病防治工作的通知

各省、自治区、直辖市人民政府，国务院各部委、各直属机构：

我国自1985年首次报告艾滋病例以来，在党中央、国务院的正确领导下，各地区、各部门认真研究制订防治规划，明确相关政策，开展健康教育，落实防治措施，加强患者救治，艾滋病防治工作取得了积极成效。但从总体上看，我国艾滋病疫情仍呈快速上升趋势，其传播和蔓延的势头还没有得到有效遏制。与此同时，防治工作还存在着宣传教育不够广泛、疫情监测不够健全、干预措施不够普及、法律法规不够健全、防治力量薄弱、技术手段欠缺，一些地区和部门对防治工作认识不够等问题。为有效遏制艾滋病疫情快速上升的趋势，切实加强艾滋病防治工作，现就有关工作通知如下：

一、加强组织领导，明确职责任务

……

二、坚持预防为主，实施综合治理

……

三、加强疫情监测，规范疫情报告

……

四、落实救治政策，做好药品供给

……

各地区、各部门要从实践“三个代表”重要思想、贯彻落实党的十六大精神的高度，以对党、对国家、对人民高度负责的精神，扎扎实实地做好预防和控制艾滋病的工作，有效地保障广大人民群众的身体健康和生命安全，维护国家发展和稳定的大局，为实现全面建设小康社会目标，实现中华民族伟大复兴作出应有的贡献。

中华人民共和国国务院（印）

××××年×月×日

【简析】

这是一份指示性通知。通知的主题非常明确，那就是切实加强艾滋病防治工作。

正文的开头，即缘由部分先用一大段文字，介绍了前阶段我国在艾滋病防治工作上所取得的积极成效。然后，笔锋一转，通过一个“但”字，指出了其中存在的问题，从而讲明了制发这一重要通知的背景，即阐明了行文的必要性和意义。这种“先扬后抑”的写法是符合全面的、发展的认识论的。事项部分以小标题的形式讲清了今后的工作措施与要求。这小标题提炼得非常精彩。因为这几个字数相同，结构也相同。结尾处十分明确地强调切实加强艾滋病防治工作的指导思想，进而发出了号召。全文首尾呼应，结构完整，中心突出。

［**例文二**］

国务院办公厅

关于国家工商行政管理局等机构名称问题的通知

各省、自治区、直辖市人民政府，国务院各部委、各直属机构：

经国务院批准，国家工商行政管理局、国家新闻出版署（国家版权局）、国家知识产权局、国家旅游局和国家出入境检验检疫局从即日起分别使用“中华人民共和国工商行政管理局”“中华人民共和国新闻出版署”“中华人民共和国知识产权局”“中华人民共和国旅游局”“中华人民共和国出入境检验检疫局”的名称印章，原名称和印章停止使用。

特此通知。

国务院办公厅（印）
一九九八年八月一日

【简析】

这是一份事项通知。所谓事项通知就是向有关方面告知某一事项或交流某些信息、通报某些情况。所以，写事项通知只要把告知的事项或信息或情况说清楚就可以了。这份通知只用了“经国务院批准”这样一句介词短语，就写明了通知的根据，然后，直截了当地写告知的事项。最后以“特此通知”作结，简洁利落，流畅自然。

［例文三］

国务院批转财政部、国家计委
《关于进一步加强外国政府贷款管理若干意见》的通知

各省、自治区、直辖市人民政府，国务院各部委、各直属机构：

国务院同意财政部、国家计委《关于进一步加强外国政府贷款管理的若干意见》，现转发给你们，请认真贯彻执行。

利用外国政府贷款是我国引进外资的一种重要方式。进一步加强外国政府贷款管理工作，是在新形势下认真贯彻中央关于积极、合理、有效地利用外资，更好地使用国外资金，防止和化解国家主权外债风险，维护我国政府对外信誉的重要举措。各地区、各部门要统一思想，高度重视，落实责任，切实做好有关工作。

（中华人民共和国国务院印）
二〇〇〇年六月十日

附件：关于进一步加强外国政府贷款管理工作的若干意见

（本文来源于中央政府门户网站）

【简析】

这是国务院批转财政部、国家计委的一份文件，属于批转性通知。

例文标题由发文机关（批转）、事由和文种组成，规范准确。正文分三个层次：一是非常明确地表明了同意的态度。二是阐述批转的理由，即强调意义，旨在引起阅读者的注意。三是提出要求，点明了执行的主体与范围。这份通知内容带有一定的指示性，语气恰当，分寸感很强。

［**例文四**］

广东省人民政府转发
《国务院关于解决城市低收入家庭住房困难若干意见》的通知

各地级以上市人民政府，各县（市、区）人民政府，省政府各部门、各直属机构：

现将《国务院关于解决城市低收入家庭住房困难的若干意见》（国发〔2007〕24号）转发给你们，请认真贯彻执行。

各地、各有关部门要高度重视新形势下的城市居民住房问题，把解决城市低收入家庭住房困难作为维护群众利益的重要工作和住房制度改革的重要内容，作为政府公共服务的一项重要职责，切实抓紧抓好。广东省具体实施意见待后印发。

（广东省人民政府印）
二〇〇七年九月十四日
（本文来源于广东省人民政府网）

【简析】

这是一份转发通知。

正文由转发对象、执行要求两部分组成。因为转发的是上级机关的公文，所以不能妄加评论，直接转发。执行要求完备具体，既有概括的要求，又有具体的安排。

思考与练习

1. 修改下列通知的标题。

（1）关于全省民政工作会议的通知。

（2）××省人民政府办公厅转发省财政厅关于临时出国人员用汇管理细则的通知。

（3）××市政府转发人事局关于为××同志恢复名誉的请示。

(4) ××市政府关于批转商业局进一步做好粮油供应工作的报告。

2. 选择题。

(1) 通知的主要特点是（ ）

A. 新颖性、准确性

B. 应用广泛，使用频率高

C. 内容简单，行文方便

D. 具有执行性

(2) 下列事项能够制发通知的有（ ）

A. 某公司聘用一名经理

B. 某银行向各储蓄所下达季度储蓄任务

C. 某人事厅贯彻财政厅有关职工福利发放标准的文件

D. 两单位之间商洽某具体事项

(3) 通知这类公文应用广泛，使用频率高，是因为（ ）

A. 通知属于下行文，受文机关较多

B. 通知不受内容轻重繁简的限制

C. 通知作者广泛

D. 通知在撰写上比较灵活，对格式无严格要求

(4) 通知在写作上要求（ ）

A. 讲求实效

B. 重点突出，措施具体

C. 主题集中

D. 寓事、理、情于一体

3. 根据下列材料拟写公文。

某省人民政府收到该省教委《关于加强农村教师队伍建设问题的意见》后，认为文件针对的问题十分重要，建议切实可行，决定对该文加注批语后下发施行，为此，请代制发一份通知。

4. 根据下面材料，请按会议通知格式和要求，写一份“会议通知”。

省政府决定，于今年10月15日在省政府招待所召开省环境卫生保护工作会议，会议就如何贯彻国家可持续发展的方针，搞好我省的环卫工作展开研讨，制定我省十一五环保规划。会期三天，参加人员为各市、县人民政府分管环境卫生保护工作的领导，环卫局、省直有关单位的负责人。交200元会务费，食宿由大会统一安排。与会者要准备好相关的文件材料。

5. 修改病文。

通　知

学院第七次院长办公会议讨论了院绿委会、宣传部、卫生处提出的《关于开展春季绿化种树活动的设想》，院长办公会议对此做了认真的研究，基本上同意所提的主要要求，望动员、组织全体师生员工逐条贯彻、严格落实。

绿化植树是一件于国于民都十分有益的大好事情，是精神文明建设的一项重要内容，既体现了自己的精神美德，又造福于子孙后代，希望引起各级领导同志的重视，指定一位同志专抓此项工作，为了使全体师生员工都能充分重视这一活动，行动前要把此件事原原本本向大家进行传达，并组织讨论，让大家充分发表意见，以利统一思想、统一行动、统一意志。

第五节　意　见

意见是国家行政机关对重大问题提出具有普遍指导意义的见解和处理办法、建议的文种。意见原属党务公文。随着党政联合发文中意见使用频率的提高，国务院2000年8月24日发布的《国家行政机关公文处理办法》将意见正式定为行政公文文种。

一、意见的特点

1. 行文的多向性

意见形式灵活，既可以独立行文，如《国务院关于进一步做好退耕还林还草试点工作的若干意见》，也可以联合行文，如国务院军队干部安置工作小组、中共中央组织部、人事部、劳动和社会保障部、总政治部《关于认真做好2000年军队转业干部安置工作的意见》；意见既可以作为上行文用于下级机关向上级机关报呈建设性意见，也可作为下行文用于上级机关向下级机关发送指导性意见，还可以用作平行文，行文方向非常灵活。

2. 内容的广泛性

意见的内容涉及党、政工作的方方面面，大大小小，内容覆盖面大，涉及范围广。

3. 效力的指导性

意见成文下发后，就对下级机关的工作起指导作用、法规作用，下级机关都应当遵照或参照执行。如《国务院办公厅关于实施〈国家行政机关公文处理办法〉涉及的几个具体问题的处理意见》就对所有的行政机关都发挥指导作用。

二、意见的种类

1. 指导性意见

指导性意见是上级机关直接向下级机关提出自己的具体看法、意见和要求。

2. 建议性意见

建议性意见主要是指由下级机关提出对有关工作的看法和建议，希望得到上级的认同和采纳的上行文。它又分呈报性建议意见和呈转性建议意见。呈转性建议意见常经领导机关以通知形式批转各地执行，如前所述，它的写法、用法与呈转性建议报告相似，其内容也可由呈转性建议报告行文，都希望成为“形式上的上行文，实质上的下行文”。正文中提出的建议、意见主要不是针对上级，而是针对下级和有关方面而提出，撰写时尤其要注重行文的得体。报告与意见两文种在向上级提建议的问题上，一般来说，可以互换。在公文实践中，也很少以意见行文，多以报告行文。

三、意见的写法

意见的结构由标题、主送机关、正文、落款（公文生效标识、成文时间）组成。

1. 标题

意见的标题写法有两种。

（1）发文机关＋事由＋文种。

（2）事由＋文种。

2. 主送机关

建议性的意见属于上行文，主送机关一般只有一个；指导性意见的主送机关的多少视实际情况而定。还有一些是可以没有主送机关的。

3. 正文

正文由缘由、事项和结语组成。

（1）缘由。缘由或为贯彻文件（上级指示）精神，提出意见的理由和依据；或说明制发意见所针对的实际情况或现实问题。前者往往以“目的”或“根据”起笔，即“为了……”或“根据……”；后者介绍背景，引出问题，并对问题作必要的分析（原因），如本节例文一。

（2）事项。事项是意见的主体，写法要针对不同情况而定。一般由这样几项内容组成：阐明指导思想、目标任务、基本原则、要求、措施步骤和有关部门的职责等。在具体结构上可以分条列项，也可以列小标题。尽可能写得具体明确，切实可行。

（3）结语。如果是指导性的意见，结语一般提出总的要求，有的也没有结语。如果是建议性的意见，则多用“以上意见如无不妥，请批转执行”作结。

4．**落款**

落款包括发文单位、印章、发文日期。大会通过的意见，可将通过的日期、会议的名称标在标题正下方，并加圆括号。

四、例文分析

［**例文一**］

国务院关于进一步加强消防工作的意见

国发〔2006〕15号

各省、自治区、直辖市人民政府，国务院各部委、各直属机构：

“十五”以来，在党中央、国务院和地方各级党委、政府的领导下，全国消防工作取得明显进步。消防安全责任制进一步落实，全社会防控火灾的能力明显提高，重特大火灾事故多发势头得到初步遏制。但是，当前消防工作形势依然严峻。一些地区、部门和单位对消防工作重视不够，公民消防安全素质仍然不高，全社会消防安全基础仍然薄弱，重特大火灾事故时有发生。为有效预防火灾事故，减轻火灾危害，保障公共安全，现就进一步加强消防工作提出以下意见：

一、指导思想、工作原则和工作目标

……

二、构建“政府统一领导、部门依法监管、单位全面负责、群众积极参与”的消防工作格局

……

三、加强公共消防安全基础建设，提高全社会防控火灾能力

……

四、整治重点环节，预防和消除火灾隐患

……

五、建立健全考评机制，严格责任追究制度

……

（中华人民共和国国务院印）

二〇〇六年五月十日

【简析】

这是一篇指示性意见。标题“加强消防工作的意见”概括准确、简洁。

正文分两部分。第一部分主要说明意见的背景和依据。先总体肯定前期工作，然后用“但是”，话锋一转，指出存在的问题，点明发文的目的。第二部分针对防火工作中存在的问题，分条列项地提出了指导意见。从概括的指导思想工作原则及工作目标到工作格局、消防基础建设及具体的重点环节检查监督，严密完备，措施具体明确，体现了指示性公文的严肃性、指导性。

［例文二］

关于进一步规范上海市大宗商品中远期交易市场管理的若干意见

上海市人民政府：

为了建立健全长效管理机制，规范本市大宗商品中远期交易市场经营行为，维护市场秩序，切实防范金融风险，根据国家整顿规范大宗商品中远期交易市场工作的指导意见，现就进一步规范本市大宗商品中远期交易市场管理提出如下意见：

一、落实大宗商品中远期交易市场规范管理的各项要求。在整顿规范大宗商品中远期交易市场期间，本市禁止新设市场和新上品种，禁止自然人和无行业背景的企业入市交易，禁止股东、市场和其关联方入市交易，禁止市场代理业务。本市所有大宗商品中远期交易市场应限定每个交易品种和每个交易商的最大订货量，实行保证金第三方托管和银行监管，防止资金被挪用、侵占，并规范保证金缴纳形式。

二、建立大宗商品中远期交易市场联合监管机制。在市整顿规范大宗商品中远期交易市场领导小组基础上，成立大宗商品中远期交易市场监管领导小组。由分管市领导担任领导小组组长，市商务委、市金融办、市工商局、市公安局等部门为成员单位。领导小组下设办公室（设在市商务委），承担本市大宗商品中远期交易市场的日常协调管理职责。

三、健全大宗商品中远期交易市场管理制度。有关部门要认真开展调查研究，加强制度建设，健全市场交易、交易资金管理等制度，进一步规范市场行为，保护市场各方合法权益和社会公众利益，防范市场风险。

四、加强大宗商品中远期交易市场日常监管。有关部门要深入研究大宗商品中远期交易市场监管模式，运用先进技术，加快建设政府部门联合监管平台，加大监管力度。要及时掌握市场股东、主要负责人变更等情况，动态跟踪市场运营，规范市场交易资金管理，定期组织会计、审计事务所对市场进行审计。在监管过程中，如发现违规、违法或犯罪线索，要及时移送行政监管部门或公安机关进行查处。

五、促进大宗商品中远期交易市场规范发展。要结合上海国际贸易中心和国际金融中心建设，进一步加快现代商品市场体系建设和电子商务发展，通过相关政策，引导市场大力发展现货市场电子商务，延伸市场的产业链和价值链，增强市场资源配置能力、服务增值能力和价格发现能力，有效促进商品流通现代化。

上海市商务委员会
上海市金融服务办公室
上海市工商行政管理局
上海市公安局
二〇一一年五月三十一日

【简析】

这是一篇建议性意见。

正文分两部分。第一部分说明了行文的目的与根据，全面而概括，不拖泥带水。第二部分从规范管理的要求、联合监管机制、市场管理制度、日常监管、规范发展等五个方面提出了建议性的意见，全面具体，切实可行，充分体现了建议性意见的特点。

思考与练习

1. “意见”何时成为正式行政公文的？它有什么特点？

2. 判断题。

（1）意见是用于对重要问题提出见解和处理办法，仅起指导或建议作用的一种公文。（　　）

（2）下级机关的意见文书一般具体性、操作性较强。（　　）

（3）建议性意见可分为呈报性建议意见和呈转性建议意见两类。（　　）

（4）意见的语言少用指令性词语，多用期请性、指导性词语，体现注重商榷、尊重对方的民主作风。（　　）

（5）呈转性建议意见的写法、用法都与呈转性建议报告相似，且都希望成为“形式上的上行文，实质上的下行文”。（　　）

（6）意见的行文具有多向性特点。（　　）

3. 选择题。（多选）

(1) 意见适用于以下情况( )

A. 对重要问题提出见解

B. 对重要问题提出处理办法

C. 对重要问题提出要求

D. 提出解决问题的方案

(2) 以下对意见处理正确的是( )

A. 上级机关应当对下级机关报送的意见作出处理或答复

B. 上级机关对下级机关提出意见,文中对贯彻执行有明确要求的,下级机关应遵照执行;无明确要求的,下级机关可参照执行

C. 平级和不相隶属机关提出的意见,供参考

D. 对意见都要按报告性公文的程序和要求办理

(3) 对"上行"意见的使用恰当的是( )

A. 部门向政府机关提出意见和建议,并要求上级批准或转发

B. 下级政府向上级政府提出意见和建议,并要求上级批准或转发

C. 由政府授意,由一个或几个主管部门起草或成文后交政府批转

D. 上级政府和下级政府商洽事宜

(4) 以下属于"上行"意见结语的有( )

A."以上意见如无不当,请批转各××执行"

B."本实施意见由××负责解释"

C."经政府同意,请贯彻执行"

D."以上意见,请结合实际情况贯彻执行"

4. 根据下面材料,拟一份意见。

某局在进行机构改革的过程中,发现一些党员干部的抵触情绪较大,以致影响了这项工作的展开。为此,该局党委向下属各单位党支部提出要求,要求他们结合实际,采取措施,耐心做好这些党员干部的认识转化工作,解决他们的后顾之忧,使他们真正发挥党员的先锋作用。

第六节 报 告

报告是行政机关和党的机关都广泛使用的上行文。它适用于向上级机关汇报工作,反映情况,提出建议,答复上级机关的询问。

一、报告的种类

1. **工作报告**

工作报告是下级机关向上级机关汇报一定时期内工作进展情况的文种。工作报告又分综合工作报告和专项工作报告。综合工作报告是对某一时期、某一阶段工作的总回顾。它比较多地用于会议和定期的例行工作报告。这种报告内容全面，篇幅较长，是本机关工作全面总结向上呈报的一种形式，如《政府工作报告》，《××市 2010 年工作情况报告》。专项工作报告是向上级机关汇报某一项工作、某一方面的情况、某一项活动的报告。它包括某项工作任务的完成过程、采取的措施、取得的成效、有哪些认识等内容。这种报告内容比较单一，重点在“专”上，是一事一文的专门性报告。

2. **情况报告**

情况报告主要用于反映情况。下级机关将本单位出现的新问题、新倾向、新苗头向上级机关报告，以便上级机关及早掌握，作出处理决策。它与工作报告的区别在于：工作报告重在汇报做了哪些工作，是怎么做的，取得了哪些成绩，还有什么问题，今后的打算；情况报告重在汇报新情况、新问题。

3. **建议报告**

建议性报告也称呈请性报告，即呈报上级加以批转或批示的报告，基本上都是向上级提出工作的意见或建议，故称“建议性报告”。

4. **答复报告**

答复报告是用来答复上级机关询问有关事项的报告，是一种被动行文的报告，须针对询问内容行文。

二、报告的写法

报告一般由标题、主送机关、正文、公文生效标识和成文时间组成。

1. **标题**

报告的标题有：

（1）发文机关＋事由＋文种。

（2）事由＋文种。

（3）有的以主题为题。

2. **主送机关**

报告是上行文，只有一个主送机关。

3．**正文**

（1）工作报告。开头一般先概括工作的总体情况（结果），然后分述工作完成的情况。这一部分是报告的主体，可以按照工作的实际进程分列小标题，也可以按成绩（经验）、不足及今后努力的方向几个部分来写。最后以“特此报告”作结。

（2）情况报告。

①一般情况的调查审查（处理）报告。这类报告开头先交代根据、调查的主体（谁调查）、调查的内容（查什么），然后以“现将有关情况报告如下”或“现将调查处理的结果报告如下”过渡。主体部分如果是重在调查或审查情况的，一般先要介绍、分析所调查的情况，介绍要实事求是，一分为二；分析要切中病症（原因），并在此基础上有针对性地提出建议，如本节例文二。如果是重在调查处理的，一般先交代调查结果，然后表明态度，提出相应的措施，宣布处理结果。最后以“特此报告”结语。

②重大事故报告。这类报告开头先概述事情的经过和结果，结果要明确具体，不能含糊。其次是交代抢救及善后处理情况，包括领导与群众是怎样参与抢救的、伤员的安置等。再次是查明原因。第四是分析定性（损失影响的程度）、自我检讨和自我批评。第五是总结教训、采取整顿措施。第六是对责任人的处理和处理意见。最后以惯用语“特此报告”结语。

③建议报告。建议报告一般由缘由或根据、意见或建议和结束语三部分组成。

缘由交代报告的理由（目的）或依据，依据通常是现实问题或上级有关文件精神。意见或建议，就是针对现实问题或文件精神，说明开展工作或解决问题的办法、方案、措施等。要求明确、实在、可行。结束语，是表示正文结束并提出请求的一句话。如果是呈报性的，就以“特此报告”结语。如果是呈转性的，一般用“以上报告如无不当（妥），请批转有关单位执行”结语。

④答复报告。答复报告由答复根据、答复意见和结语三部分构成。

答复根据主要交代根据什么问题（情况），要写得概括、清楚，然后以“现将有关情况汇报如下”等语过渡。答复意见部分，有的直接分条列项写意见，也有的先交代事情的来龙去脉，再提出答复意见。

三、写作要求

1．**突出重点，理清思路**

报告的四种类型，各有重点。在报告的写作过程中只要把握这个重点，理清思路即可。例如，工作报告以总结过去、安排未来两部分为重点；情况报告以汇报情况的产生、发展、性质及采取的措施和对策为陈述重点；答复报告则问什么，答什么，和报告目的无关的内容一定要剔除。

2. 以事实说话，多陈述，少议论

报告本来就是以反映具体情况为目的的，所以应尽量少议论，多陈述。但报告中的叙述多用概述，不用细节描述，也不用对具体事实进行描写，用语简练、明晰、准确。

3. 专文专用，不夹带请示事项

严格区分“报告”和“请示”的内容。报告中不得夹带请示事项，不能要求上级批复。

四、例文分析

［**例文一**］

铁道部关于济南局胶济线“4·28”特大事故报告

国务院：

2008年4月28日4时41分，由北京开往青岛的T195次旅客列车运行至济南铁路局管辖内的胶济下行线王村至周村K290+800处时，客车尾部第9节至第17节车厢脱轨，与上行烟台至徐州的5034次旅客列车相撞，造成5034次机车及机后1至5节车厢脱轨。事故造成72人死亡，416人受伤，中断胶济线上下行线行车21小时22分，直接经济损失达170余万元。

事故发生后，济南铁路局负责同志立即随救援列车和救护车赶赴事故现场，组织抢救、抢修工作。当地驻军、地方党政领导同志和部分群众也投入抢救工作。山东省领导同志及济南军区有关负责同志先后赶到现场，组织抢救伤员，疏运旅客。在省领导和驻军的大力支持下，伤员的抢救和治疗工作安排得比较周密，受伤的旅客和列车乘务人员，除少数送入就近的××县医院抢救外，其余的均由××市和军队、铁路医疗部门派车接到××，及时得到抢救和治疗。

经调查分析，造成这次事故的直接原因，是济南局对施工文件、调度命令管理混乱，用文件代替临时限速命令及调度员、值班员失职，T195次机车乘务员未收到限速命令，机车超速，致使T195次列车第9节至第17节车厢脱轨，并与上行的5034次列车相撞。

这次事故是发生在旅客列车上的一次严重事故，又是发生在全国开展的“安全月”活动中，使国家和人民生命财产蒙受了巨大的损失，在政治上造成了极坏的影响，性质是非常严重的，我们的心情十分沉痛。这次事故的发生以及最近一个时期安全工作不稳定的状况，说明了我们铁路基础工作薄弱，管理不善，思想政治工作不落实；反映了我们作风不扎实，对安全工作抓得不力，安全生产中管理不严，职工纪律松弛的问题长期没有得到解决。

为了使全路职工从这起严重事故中吸取教训，我们采取了安全生产的紧急措施。要求铁路各部门、各单位必须把安全工作放在第一位，各级领导干部要树立安全第一的思想，并向全体职工进行安全教育，使每个职工都牢固地树立起对国家、对人民极端负责的观念，认真落实岗位责任制，严格遵守劳动纪律，一丝不苟地执行规章制度和操作规程，各单位要针对近年来新工人比重不断增加的情况，加强对新工人的教育和考核工作，各行车和涉及安全生产的主要工种不经考试合格不得单独作业；对各种行车设备要进行一次认真检查，发现问题立即解决；同时，各单位要切实解决职工生活中应该而且可以解决的问题，解除职工的“后顾之忧”；动员广大职工干部迅速行动起来，以这次事故为教训，采取措施，堵塞漏洞，保证行车安全。

济南铁路局对这次事故的主要责任者，已按照法律程序提出起诉，追究刑事责任；对与事故有关的分局、工务段领导也作了严肃的、正确的处理。铁道部决定对济南铁路局局长×××同志和党委书记×××同志给予行政记过处分。这次事故虽然发生在济南局，但我们负有重要的领导责任，为接受教训，教育全路职工，恳请国务院给我们以处分。

特此报告

（铁道部印）

二〇〇八年×月×日

【简析】

这是一篇重大事故报告，也是情况报告的一种。其旨在寻找原因，吸取教训。

全文分四部分。第一部分直陈其事，开门见山，没有一句空话，简单明了地把事故发生的时间、地点、造成的损失交代清楚；第二部分介绍了事故发生后抢救及善后处理工作；第三部分分析事故造成的原因，这部分既寻找客观原因，又剖析主观责任，事故分析深入、透彻；第四部分吸取教训，做好整改工作；第五部分是交代事故处理情况，包括对有关责任人的处理情况，充分体现了对事故认真负责的态度。

这篇报告不诉苦，不推诿责任，态度诚恳，敢于面对问题，担当责任；写作上，中心突出，条理清楚，语气诚恳，态度严肃，没有虚言浮词，不失为一篇内容完备、态度明朗、表述准确的报告。

［例文二］

关于抢险抗灾工作及灾后重建安排的报告

国务院：

从1月10日到2月2日，我国南方地区先后出现四次大范围低温雨雪冰冻过程。这次灾害性天气正值春运高峰，且持续时间长、影响范围广、危害程度深，多数地区为50年一遇，部分地区为百年一遇。持续低温雨雪冰冻天气造成多种灾害并发，给人民群众生命财产和工农业生产造成重大损失，正常的生产生活秩序受到极大影响。面对突如其来的罕见灾害，在党中央、国务院正确、坚强、具体的领导和指挥下，在全国人民同舟共济、众志成城的支持及灾区军民顽强拼搏下，抗灾救灾工作取得了重大的阶段性胜利。但是，近期部分地区仍有低温雨雪冰冻天气，春运旅客返程高峰已经开始；尚未修复的电网施工条件仍十分恶劣，融冰过程中还可能出现新的倒塔断线；随着电网恢复正常运行和工农业恢复生产，电力需求增加，电煤供应可能再次出现紧张；农业受到重创，绝收面积多，恢复生产难度大；冰雪融化过程中容易引发山体滑坡等次生灾害；受灾群众口粮青黄不接时间延长，倒塌房屋重建需要一个过程。所以，救灾和灾后恢复重建的任务仍十分繁重。为了尽快地恢复正常的生产生活秩序及灾后重建工作的顺利进行，现将雨雪冰冻灾情、抢险抗灾工作进展情况以及下一阶段工作安排意见报告如下：

一、我国经历了一场历史罕见的低温雨雪冰冻灾害

这是一场历史罕见的大范围的低温雨雪冰冻灾害，全国有19个省（区、市）不同程度受到影响，其中湖南、贵州、江西、广西、湖北、安徽、浙江等7省（区）最为严重。

……

二、抗灾救灾斗争取得重大的阶段性胜利

……

三、全力做好下一阶段恢复重建工作

……

各地区、各部门都要认真反思这次持续低温雨雪冰冻灾害暴露出的矛盾和问题，总结抢险抗灾的经验教训，不断提高突发事件的应急处置能力。

抢险抗灾应急指挥中心

二〇〇八年二月十三日

【简析】

这是一篇以抢险抗灾工作及灾后重建安排为内容的报告。开头概括了灾情以及抗灾抢险工作的基本情况。既介绍了背景，又为公文的主体展开打下了基础。

主体部分围绕抢险抗灾工作及灾后重建安排主题，分三个部分展开。第一部分、第二部分介绍灾情及抗灾抢险工作的基本情况，全面具体，实事求是。第三部分针对灾情及工作的具体情况，提出了下一阶段恢复重建工作具体意见。内容具体充实，意见切实合理。

本文主体在写作层次的安排上，表现为“情况”“问题”“建议”三段式，这是以反映情况为主要内容的报告的基本模式，有一定的借鉴意义。

［例文三］

国家工商管理局关于工商管理工作的报告

工商〔××××〕×号

国务院：

为了更好地贯彻党的十三届五中全会的精神，在治理整顿期间，工商行政管理机关应发挥监督管理的职能，强化和完善各项监督管理措施，为深化改革，促进社会主义经济持续、稳定、协调发展创造良好的条件。根据国务院赋予工商行政管理机关的职能，应进一步拓宽监督管理的广度，增加监督管理的深度，强化监督管理的力度，把工商行政管理工作提高到一个新的水平。为此，今年全国工商行政管理局长会议进行了专门的讨论，对下一步工作提出了以下意见：

一、(略)

二、(略)

三、(略)

以上报告如无不当，请批转各地区、各部门执行。

(国家工商管理局印)

××××年×月×日

【简析】

这是一篇呈转性建议报告。报告的缘由部分从工商行政管理机关如何贯彻十三届五中全会精神，在治理整顿期间充分发挥职能作用的必要性入手，提出了拓宽、增加、强化监督管理的广度、深度、力度，把工商行政管理工作提高到一个新的水平的总任务。不仅内容全面充实，而且行文上也显得高屋建瓴，大气实在。意见部分分条列项，也有针对性。最后以呈转性建议报告的习惯语“以上报告如无不当，请批转各地区、各部门执行”作结。结构完整而规范。

思考与练习

1. 什么是报告？写作报告有哪些要求？

2. 判断题。

(1) 报告可以同时上报几个机关。(　　)

(2) 某地发生一起重大交通事故，有关部门向上级反映此事故及其有关情况，用报告行文。(　　)

(3) 建议性的报告可以用“以上报告当否，请指示”之类的结束语。(　　)

(4) 关于申请修建办公大楼的报告。(　　)

3. 根据报告的写作要求，指出下文的错误，并改之。

关于××高速公路发生塌方事故的报告

市建设委员会、市城建局：

2001年7月8日，××高速公路发生塌方事故，造成一定的伤亡。事故前，桥面上分散着几十名作业工人，正在违章浇注混凝土，本应分两次浇注的混凝土，却分一次浇注，致使桥面负荷过大，发生坍塌。事故发生后，近400名公安干警和武警官兵赶到现场，参加抢救，时间将近20个小时。该工程为市七建工程队承包。

特此报告

市政工程公司
2001年9月12日

4. 根据下列材料拟写公文。

(一)

中新社无锡5月17日电　沪宁铁路（无锡洛社段）17日发生一起铁路交通事故，造成2人当场死亡，3人受伤。

据了解，事发当天上午11时40分左右，上海客运专线基础设施维修基地合肥三工队清淤施工队在结束上午施工作业后，沿铁路线一侧返回，在途经轨枕堆放处时绕上铁路线行走，被经过的 D5420 次动车撞倒。

事故发生后，上海铁路局、无锡火车站和该市安监局等部门负责人立即赶到现场，并组织救援。上海铁路局目前已组织事故调查组，对此次事故进行调查。

经初步了解，事故中的 3 名伤员，2 名伤势较重的已送往无锡一〇一医院抢救，另一名伤员则被送往洛社人民医院救治。事故调查组已责令事故单位保障抢救经费，全力抢救伤员，并妥善做好死者善后处理工作。

（二）

某省属大学近一年来，公费医疗费严重超支，到年底超支达 70.46 万元，已经难以保证师生员工正常的就医需要，医疗、药品的收据不能及时报销，师生员工意见很大。究其主要原因是：公费医疗人头经费仍然沿用 50 年代的标准（每人 32 元/年）；危重病人较多；医疗和药品费用提高。为此，学校不得不挤用教学、科研经费，以缓解公费医疗的突出矛盾。学校现在已经无力继续支付此项费用。主管校长就此事责成办公室向上级主管部门起草公文反映情况。

第七节 请示、批复

一、请示

请示是向上级机关请求指示、批准时使用的频率很高的上行文。它与报告虽然都属于上行文，但区别是明显的。

一是“报告”对上级没有肯定性的批复要求，而“请示”则相反。二是在行文时间上“报告”是事中或事后行文，而“请示”则是事前行文。三是上级对下级报送的“报告”，可作批示也可以不作批示，一切全由上级酌情处理，如确需批示时，只能使用“批示”这个文种；而“请示”则不然，不论所请示的事项上级同意与否，按理都应及时作出批示，但批示时使用的文种都是“批复”而不是“批示”。

1. 请示的种类

（1）请求批准的请示。这类请示多数是下级机关就某个问题请求上级机关给予审定、核准、认可。比如机构设置、人事变动、项目安排、经费增拨，或在人、财、物方面有困难需要上级给予帮助解决，都必须使用请示请求批准。

（2）请求指示的请示。这类请示是向上级机关要政策、要办法的。当下级机关在执行政策时遇到特殊困难和新情况，需要进行政策变通，而本机关又不能擅自决定，这就需要向上级机关要政策。当遇到新情况、新问题时，需要向上级请求指示，这是要办法。

2．请示的写法

请示的结构也是由标题、主送机关、正文、公文生效标识和成文时间组成。

（1）标题。请示的标题有两种写法：

①发文机关＋事由＋文种。

②事由＋文种。这样的标题，末尾必须标明请示单位。

（2）主送机关。请示和报告一样是上行文，主送机关只有一个。

（3）正文。正文是请示的主体部分。它由请求缘由、请求事项和结语三部分组成。

①请求缘由。这是请示的依据。如果是请求批准的，要讲清必要性和可能性。如果是请求指示的，一般要讲清提出请示的背景或依据（基本情况）。请示缘由一定要说清楚，说具体一些，让人信服，不要含糊。

②请求事项。这是请求上级机关批准、解答、指示的具体事项。这部分必须明确具体，合情合理。在讲清问题的前提下，提出自己的看法或处理意见。注意提出的看法或处理意见必须体现党的方针政策，切实可行。不能含糊混乱，使领导难于决断。

③结语。一般以请求语作结。习惯上常用“当否，请指示”或“以上意见是否妥当，请批示”或“上述意见如无不妥，请批转有关单位执行”等。

（4）公文生效标识和成文时间。公文生效标识就是发文机关盖印，成文时间用汉字书写。

3．写作要求

（1）请示一定要控制使用，要到非请示上级不能解决问题时方可使用。同时要防止不提自己的看法和处理意见，而只提出问题要上级答复。

（2）坚持“一事一文”，切忌把两个或两个以上不相联系的问题搅在一起。那样会因一事卡住，其余的事都被拖下来。

（3）不要越级请示。有时若因特殊情况必须越级请示，也应同时抄报直接领导机关。

（4）只能主送一个上级机关。

（5）请示、报告文种不同，不能混淆。

4．例文分析

［例文一］

××市工商行政管理局关于工商行政管理机关
如何依据现行法规对个体客运行业进行监督管理的请示

国家工商行政管理局：

去年以来，在对个体客运出租车行业管理的问题上，我局与客运管理部门产生了认识上的分歧。其主要原因在于我局依照《城乡个体工商户管理暂行条例》的规定，对个体客运行业履行了经营资格审查、核准登记发照、收缴管理费、监督其客运经营活动、查处违法违章行为等方面的监督管理职责。而我市客管部门却以建设部、公安部、国家旅游局（1988）建城字第35号文件《城市出租汽车管理暂行办法》第三条“对城市客运出租汽车应贯彻‘多家经营、统一管理’的原则”为依据，提出客运行业要独家管理，对个体客运出租汽车的欺行霸市、强拉顾客、哄抬运价、欺骗群众等违法违章行为，必须由客管部门查处，工商行政管理机关无权过问。这不仅干扰了我们的正常管理工作，而且影响了工商行政管理职能作用的充分发挥，特别是我市即将颁布地方性法规《××市客运出租汽车管理办法》，迫切需要明确工商行政管理机关管理客运行业的职权。

为此，特请示国家局给予答复：工商行政管理机关依据《城乡个体工商户管理暂行条例》的规定管理个体客货运输业，依法履行哪些职责？如何理解“多家经营、统一管理”的原则？《城乡个体工商户管理暂行条例》及其实施细则的规定可否作为处罚个体客运行业经营者的依据？

以上请示，恳请速批示。

（××市工商行政管理局印）
二〇〇一年二月二十日

【简析】

这是一篇请求政策指示的请示。标题事由部分“工商行政管理机关如何依据现行法规对个体客运行业进行监督管理”概括得简洁、准确。

正文分三部分。第一部分是请示缘由，从“去年以来”开始，开门见山，直接把问题摆出来。接着，陈述产生分歧的原因，这部分叙述得具体、详细而又条理清晰，充分反映了问题的严重性、迫切性，语言非常准确、到位。然后，用“为此，特请示给予答复”转到第二部分，结构显得非常严谨。第二部分是请示内容，具体明确，便于答复。第三部分是结束语，充分体现了请示这个文种的期盼回复的特点。

［例文二］

关于增设秘书专业的请示

省高等教育厅：

为适应社会主义现代化建设的需要，我校拟增设秘书专业（本科），××××年秋季开始招生。

秘书是各级领导的参谋和助手，随着社会主义建设事业的发展，社会对秘书的需求越来越大。据了解，仅本省厅以上党政机关和企业事业单位现在所需秘书人员，就在××人以上。目前各级机关的秘书，基本上是用师傅带徒弟的传统方式带出来的，没有受过系统的、严格的秘书专业教育和训练，专业素质不能适应新形势的要求。所以开设秘书专业，培养高层次的秘书人才，刻不容缓，具有战略意义。

为筹建秘书专业，我校已成立了筹备小组和秘书学教研室。现有秘书专业教师20人，其中教授2人，副教授5人，讲师13人，已形成梯队。近两年，自编了一部分教材，分别在××、××等地举办过多期秘书人员培训班，积累了一定的经验。依靠现有的师资力量，我校有把握办好秘书专业。

我们拟增设秘书专业本科，学制四年，以培养市以上党政机关和企业事业单位秘书工作人员为目标。明年开始招生，每年招40人，到第4年，在校学生160人。

以上请示，当否，请批复。

附件：1.《普通高等学校增设本科专业申请表》
2.《××大学秘书专业（本科）教学计划》
3.《××大学秘书专业现有教师情况表》

××大学（印）
××××年×月×日

【简析】

这是一篇请求批准的请示。

标题简单、直白、清楚。正文分三部分。第一部分陈述请示缘由。这部分又分三个层次展开。先开宗明义，简要说明计划开设的专业。然后陈述理由，从秘书的作用，到社会对秘书的需求，再到自身所具备的组织、师资、实践条件，层层展开，严密完备，充分论述了请示事项的必要性和可能性。第二部分，具体说明所申请开设的专业的招生人数、招生时间、培养目标、学制等。第三部分结语语气恰当。最后，将其他请示材料附录在后，全文条理清晰，结构简洁。

二、批复

批复是与请示相对应的下行文，用于答复下级机关“请示”事项。

1. 批复的特点

（1）行文具有被动性。批复的写作是以下级机关的请示为前提的，请示在先，批复在后，行文具有被动性。

（2）内容具有针对性。批复的内容具有很强的针对性，请示什么批复什么，而不能另找与请示内容不相关的话题。

（3）效用的权威性。批复传达的是上级机关的结论性意见，具有法定的权威性，下级机关必须严格贯彻执行，不得违背。

2. 批复的种类

（1）指示性批复。这种批复在答复下级机关请示的同时，就某方面的工作提出指导性的意见和要求，相对来说篇幅较长。

（2）批准性批复。这是批准请求事项的批复。这类批复内容单一，不涉及其他问题。

（3）法规性批复。这种批复用于批准下级机关拟制报批的行政规章，如国务院给国家版权局的《关于〈中华人民共和国著作权法实施条例〉的批复》。

3. 批复的构成

批复由标题、主送机关、正文、公文生效标识和日期构成。

（1）标题。

①由“发文机关＋批复事项＋文种”构成，比如“国务院关于××的批复”。如果该批复是否定下级机关请示内容的，其标题不要标出“不同意”之类的否定性字眼。

②由“发文机关＋批复事项＋请示机关＋文种”构成，比如“国务院关于同意蚌埠市城镇住房制度改革试行方案给安徽省人民政府的批复”。

③由“批复事项＋文种”构成，比如“关于××的批复”。

（2）主送机关。批复为下行文，主送机关视情况而定。

（3）正文。批复的正文一般由批复的引语、批复的内容、结束语三部分构成。

①批复的引语。批复的引语也就是批复的根据，使受文单位明确这份批复是

针对哪篇请示、什么问题而发的，引述来文的方法有如下四种：

第一种是结合请示的日期引述“××××年×月×日来文收悉”。

第二种是结合来文的日期和文号引述，比如“××××年×月×日×号文收悉”。

第三种是引述来文日期和来文名称，比如“××××年×月×日《关于××的请示》收悉”。

第四种是引述来文日期和请示事项，比如“××××年×月×日关于××问题的请示收悉”。

②批复的内容。针对请示中提出的问题，给予明确具体的答复。如果完全同意，就写上肯定性意见。一般要求复述原请示主要内容后才表态，不能只笼统地写上“同意你们的意见”。这样写，是考虑到不与受文单位请示的具体内容脱节。如果有的同意，有的不同意，就要写明同意的内容及不同意的理由。如果不予批准，一定要在否定性意见后面写明理由。

③结束语。一般用“此复”、“特此批复”、“专此批复”等习惯用语作结尾，也可以略去不写。

（4）公文生效标识和日期。如果标题有发文单位名称，就不再署名，否则就要在正文末偏右下方署上单位名称或主要负责人姓名及年、月、日，然后加盖公章。

4．批复的写作要求

（1）批复要有针对性。批复的针对性表现在行文方向与内容两个方面。就行文方向来说，谁请示批复谁；就内容而言，请示什么批复什么。

（2）批复的态度要明确。同意还是不同意，原则同意还是完全同意，一定要明确地表明态度，不能模棱两可。

（3）批复要及时。对请示来文，应尽早答复，不能拖延，以免影响工作。

5．例文分析

［**例文一**］

关于《广东省循环经济发展规划（2010—2020）》的批复

省经济和信息化委：

你委粤经信节能〔2010〕693号请示收悉，同意《广东省循环经济发展规划（2010—2020年）》（以下简称《规划》），请你委印发并认真组织实施。

目前我省经济正处于由轻型化向适度重型化转型的发展阶段，资源环境压力进一步增大。发展循环经济是落实科学发展观、加快转变经济发展方式、建设资源节约型、环境友好型社会的重大举措。你委要认真统筹并加大力度推进全省循环经济发展工作，进一步完善工作机制，切实加强组织领导，协调省节能减排工作领导小组各成员单位按职责分工，抓好各项工作的落实；要以“减量化、再利用、资源化”为主题，动员行政机关、企事业单位、广大人民群众积极参与循环经济建设，形成强大合力，确保落实《规划》的各项目标和任务，实现经济发展由依靠传统生产要素支撑向依靠现代生产要素支撑转变，实现社会生活消费从传统消费模式向现代消费模式转变。到2020年，在全省全面建立循环型企业、循环型园区、循环型产业和循环型社会四位一体的高水平循环经济体系和节约型社会。

广东省人民政府
二〇一〇年九月十日

【简析】

这是针对请求批准的请求事项的批复。

第一部分引述来文，简单交代批复过程，表明态度。这部分既具体清楚，又简明扼要，充分体现了公文事务语体的特点。第二部分是本文的重点，提出指示性意见，阐明工作的重点，点明工作的意义。行文简略，态度明确，符合批复的文体要求。

全文用词、用语规范，结构完整，表述严密、准确，是一篇符合规范标准的批复。

［例文二］

关于个人通过网络买卖虚拟货币取得收入征收个人所得税问题的批复

北京市地方税务局：

你局《关于个人通过网络销售虚拟货币取得收入计征个人所得税问题的请示》（京地税〔2008〕114号）收悉。现批复如下：

一、个人通过网络收购玩家的虚拟货币，加价后向他人出售取得的收入，属于个人所得税应税所得，应按照“财产转让所得”项目计算缴纳个人所得税。

二、个人销售虚拟货币的财产原值为其收购网络虚拟货币所支付的价款和相关税费。

三、对于个人不能提供有关财产原值凭证的，由主管税务机关核定其财产原值。

国家税务总局
二〇〇八年九月二十八日

【简析】

这是一篇指示性批复。

全文分两部分。第一部分引叙来文，简练规范。第二部分是本文的重点，提出指示性意见。网络买卖虚拟货币取得收入征收个人所得税问题是个新问题，本文给予了明确的指示。本文行文简略，态度明确，符合批复的文体要求。

思考与练习

1. 填空。

(1) 某单位向上级行文，要求充实专职办事人员，这份公文所用文种是________。

(2) 省府驻广州市的办事机构，向××局行文，请求批准该机构建造临时建筑，这份公文所用文种是________。

(3) ××商场就本年度商品零售情况向上级行文，这份公文所用的文种是________。

(4) ××药用玻璃厂向××税务局行文，申请批准扶持性减免增值税，这份公文所用文种是________。

2. 修改下列公文标题。

(1)《关于申请试办××特区城市合作银行的请示》

(2)《关于发展××机场国际业务的请示报告》

(3)《关于申请在××市举办第×届全国书市的请求》

(4)《关于禁毒工作情况的指示》

(5)《关于今年以来国民经济和社会发展计划执行情况的报告》

(6)《关于请求研究解决涉及外商投资企业油品经营有关问题的报告》

3. 判断题。

(1) 凡必须得到上级机关批准和指示后才能办理的公务，都可用“请示”行文。(　　)

(2) 请示可以一文一事，也可以一文多事。(　　)

(3) 请示在一般情况下可以越级请示，但在越级请示的同时，必须抄送给自己的直接上级。(　　)

(4) 批复的主要特点是针对性，它总是针对请示被动行文的。(　　)

(5) 有一份批复的开头写道：“贵局×劳发〔2003〕第2号请示收悉。”(　　)

4. 修改下列病文。

（一）

关于要求解决学生宿舍拥挤等问题的请示

市人民政府、市教委：

我校今年由于住校生急剧增加，已有的学生宿舍已无法容纳。拥挤的住宿条件严重影响学生的身心健康。为解决这一困难，我校需要再建一栋学生宿舍。另外，我校图书馆也尚未达省“双基”标准，望上级部门给予适当支持。

特此请示，请回复。

××市第二职业中学
2005 年 5 月 3 日

（二）

关于××厂要求申请成立服务社的批复

××厂党委及厂部办：

你们的请示已经收到，内容也已经知道。关于成立服务社一事，经研究，还是以不成立为宜。今特此予以批复。

2006 年 5 月 5 日

第八节　函

函是机关单位相互商洽工作，询问答复问题，或向无隶属关系的有关主管部门请求批准事项所用的公文，是一种应用广泛的平行文。函的最大特点是短小、灵活、使用广泛。

一、函的种类

1. 按内容和发文目的分

（1）商洽函。商洽函是指用于请求协助、商洽解决办理某一事情的函。

（2）询问函。询问函，上级或同级之间均可使用，如上级向下级询问工作情况或某一具体事情，下级向上级机关或主管部门询问有关方针、政策和工作中遇到界限不明确的问题等。

（3）请批函。请批函也叫申请函，即向无隶属关系的有关主管部门请求批准事项的函。

（4）答复函。答复函主要是指用于答复某一事项的函。

2．按来往关系分

（1）发函。发函也称去函。它是某一机关为请求协助或商洽事务或请批事项而写的函。

（2）复函。复函就是对来函的回复。

二、函的写作方法

函由标题、发文字号、主送机关、正文、公文生效标识和日期构成。

1．标题

（1）发函的标题。

①发文机关 + 事由 + 文种。

②事由 + 文种。

（2）复函的标题。

①发文机关 + 事由 + 回复函对象 + 文种。如《××县人民政府关于××给××的复函》。

②事由 + 复函。

2．发文字号

在一般公文的发文字号中的机关代号后加一“函”字，如×府函〔2000〕××号。但也有处理一般事务的函，没有发文字号的。

3．主送机关

函的主送机关是根据行文内容需要确定的，通常是一个或多个不等。

4．正文

（1）发函的正文。

①开头。一般先写商洽、请求、询问或告知事项的依据、背景、缘由。

②事项。写明商洽、请求、询问或告知的事项。既要简明扼要，又要交代清楚。如果事项很简单，可同缘由部分写在一起，一气呵成。如果事项复杂些，或要求多些，往往要单列一段甚至分条列项写。不论是哪一种内容，对哪一级，要求的口气都应谦和、得体，既不巴结，也不生硬。

③结语。如果要对方回复，则还要明确提出“请函复”“请复”之类的结束语。

（2）复函的正文。

①引语。引语就是引述来文。其引述的方法很多，主要的可引述来函标题及来函文号，也可以引述来函的时间，如“贵方11月10日来函收悉”。

②答复意见。答复意见即针对来函所提出的商洽、询问或请求等问题给予答复，要么同意，要么不同意，不同意是什么原因或应该怎么办，不应该怎么办；或对询问问题作出答复等。

③结束语。“特此函复”、“此复”等。

5．公文生效标识和日期

在正文末偏右下方写上发文单位的全称，在全称的下一行写上年、月、日，并加盖公章。

三、函的写作要求

1．事项要明确、具体

函的事项或询问什么，或请批什么，或商洽什么，或答复什么都要具体明确，不能含糊。

2．行文简洁

行文要开门见山，直陈其事，不作寒暄，不讲客套，更不兜圈子。

3．语言要得体

因为函多在不相隶属的机关单位中使用，所以语言表达必须有礼、得体、平和、尊重，切忌口气生硬。

四、例文分析

［**例文一**］

关于征求《建筑工程职业技能标准（征求意见稿）》意见的函

建人劳函〔2008〕26号

各省、自治区建设厅，直辖市建委，山东、江苏省建管局，新疆生产建设兵团建设局，各有关单位：

根据住房和城乡建设部《关于印发〈2006年工程建设标准规范制订、修订计划（第一批）〉的通知》（建标〔2006〕77号）要求，由我司组织中国建筑工程总公司、上海市建设行业岗位考核指导中心等单位制订的行业标准《建筑工程施工职业技能标准》、《建筑装饰装修职业技能标准》和《建筑工程安装职业技能标准》现已完成征求意见稿。请你单位结合建设职业培训和鉴定工作实际，研究提出修改意见，于2008年5月30日前反馈至各标准主编单位（联系方式见附件4)。标准征求意见稿可在 www. cin. gov. cn 或 www. cein. gov. cn 网站下载。

附件:(略)

(建设部人事教育司印)
二〇〇八年四月二十二日

【简析】

这是一份商洽函。它首先说明了征求意见的根据。然后顺理成章地提出了商洽的事项。理由充分、合理,事项具体明确。行文简洁得体,不拖泥带水,格式规范。

[例文二]

关于同意天津市开展排放权交易综合试点的复函
财建函〔2008〕98号

天津市人民政府:

你市《关于恳请批准天津滨海新区进行排放权交易综合试点的函》(津政函〔2008〕96号)收悉。经研究,现函复如下:

一、原则同意你市开展二氧化硫和化学需氧量等主要污染物排放权交易综合试点。这是贯彻落实党中央、国务院关于推进节能减排工作的有关指示精神,建立污染减排激励和约束机制的重要途径,也是运用市场机制加强环境保护的有益探索,有利于推动滨海新区按照国务院部署加快综合配套改革试点工作。

二、排放权交易综合试点工作要以你市试点区域内环境容量和污染排放总量控制为前提,以改善环境质量、促进污染减排和经济社会全面协调可持续发展为目标,稳步循序开展。要进一步完善试点实施方案,严格环境容量和减排目标控制,加强主要污染物排放的动态监管,完善主要污染物排放权管理制度,建立健全主要污染物排放权一级和二级市场,逐步实现主要污染物排放权有偿使用和交易,促进环境资源的优化配置。

三、请你市加强对排放权交易综合试点工作的组织领导,认真完善试点实施方案,抓紧制定相关配套政策,并将修改完善后的试点实施方案及时报财政部、环境保护部备案。

(财政部　环境保护部印)
二〇〇八年九月二十五日

【简析】

这是一份答复函。复函先引述来文,很规范,且过渡自然。答复的事项及态度也非常具体明确，而且，还就同意的理由作了必要的说明，行文得体，令人信服。

思考与练习

1. 简述请示、请批函的异同。

2. 简述复函、批复的异同。

3. 请将下面文字按公文格式誊清，并加上标点。

中国人民建设银行关于建设单位为拆迁户建房问题的复函建总综19××号××省分行19××建字×号函收悉关于为拆迁户建房问题总行答复如下：(下略)

特此复函一九××年×月×日（公章）

4. 阅读并修改下文。

××报社：

兹有我系汉语言文学专业学生即将开始毕业实习，望能妥善安排。可否，请迅速回音。

××大学中文系
20××年5月8日

第九节　会议纪要

会议纪要是简明扼要地记载和传达会议情况、议定事项、主要精神的一种文种。它是会议的产物，所以，也可以说，它是对会议目的、要求、主要精神及决定事项进行的文字归纳和整理。

一、会议纪要的特点

1. 纪实性

会议纪要必须全面、客观地反映会议内容、宗旨、精神，不能脱离会议实际进行再创作。

2. 概括性（提要性）

会议纪要和会议记录不同。会议记录是有闻必录，而会议纪要是概括要点，是依据会议的主旨整理、提炼概括而成的。

3. **并行性**

会议纪要在行文上有自己的特殊性。一般行政例会纪要可以直接上下行文。而有的工作会议纪要不能直接行文，而是要借体行文。下行的会议纪要往往以“通知”的名义行文；上行的会议纪要往往以“报告”的名义行文。

二、会议纪要的种类

1. **工作会议纪要**

工作会议纪要是根据工作会议的精神、情况、结果整理出来的书面材料。

2. **行政例会纪要**

行政例会纪要是根据办公会议或行政例会的内容整理而成的书面材料。用于传达会议所研究的工作、议定的事项和布置的任务，要求与会单位和有关方面遵守、执行。

3. **座谈会纪要**

座谈会是由上级机关召集有关人员共同研究、解决问题的会议。座谈会纪要除了记载会议的基本情况、主要成果外，还要反映有代表性的不同意见。

三、会议纪要的外在格式

××××会议纪要

（第×号）

××××　　　　　　　　　　　　××年×月×日

关于×××会议纪要

　　×××。

主题词：××　××　会议纪要

抄送：×××××　×××××　××××。

××××××　　　　　　　　　　　　××××年×月×日

四、会议纪要的写法

会议纪要的结构一般由标题、正文、落款组成。

1. 标题

会议纪要的标题有两种：

（1）公文式：会议名称＋文种。如《全国农村工作会议纪要》。

（2）主题式：正题＋副题。正标题揭示会议的主题，副标题标示会议名称和文种。如《今年的党风要有决定性的好转——中纪委关于加强纪检工作座谈会纪要》。

2. 正文

会议纪要的正文一般包括前言、主体、结尾三部分。

（1）前言。前言即会议纪要的开头部分，用来概括介绍会议的基本情况。如会议召开的依据，会议的主要议程，会议的主要成果（评价），会议召开的时间、地点，会议的主持人和参加者等。

（2）主体。这是会议纪要的核心部分。要围绕着会议议题，充分地写出会议的主要情况、主要议题、主要精神。这部分主要有三种写法：

①分项式。有些会议往往讨论几个问题，按照讨论的几个问题分条列项地写出。如《市区微利房建设会议纪要》就是围绕着会议讨论的“资金”“布局”“分配”等几个问题写出来的。

②综合式。综合式就是将会议讨论和决议的内容，按性质归纳为若干个部分，或以段落来表示层次，或以小标题的形式，或分条列项，然后逐一写出。

③摘录式。摘录式就是将与会者的发言按中心议题的要求，择其要点摘录出来，按内容的性质归类写出。这种写法常常是在一个小标题下摘录与会者的有关发言。对发言者除写出真实姓名外，还要用括号的形式写出他们的职务、职称。采用此法，摘录要精当，要忠于原话，但不可不分主次，有话必录。

（3）结尾。有的会议纪要的结尾对与会单位和有关方面提出要求与希望，有的没有结尾。视情况而定。

3. 落款

落款包括制文机关名称和成文日期。也有很多会议纪要的成文日期写在标题的正下方。如果是行文则按会议纪要的特有格式来写。

五、会议纪要的写作要求

1. 掌握会议的全面情况

写作会议纪要重要的是掌握会议的全面情况，否则就无法写出内容完整的纪要。所以写作之前要阅读会议文件，特别是会议记录，了解会议有关情况。

2. 高度概括，准确把握会议的要点

会议纪要是概括要点，是依据会议的主旨整理、提炼概括而成的，所以必须准确地把握会议的要点。

3. 层次清晰，脉络分明

会议纪要要围绕着会议的主题有主次、有条理、有详略地写作，做到层次清晰，脉络分明。

六、例文分析

[**例文一**]

全省防震减灾工作会议纪要

2009年4月15日，省政府在广州召开全省防震减灾工作会议，会议由省政府陈××副秘书长主持，各市、县政府及防震减灾部门主要负责人，省抗震救灾指挥部成员单位有关人员参加了会议。会议表彰了全省防震减灾工作先进单位和个人，部署我省防震减灾工作。副省长李××、国家地震局副局长××出席会议并讲话。现纪要如下：

一、牢固树立忧患意识，成绩显著

会议认为，近年来，在省委、省政府正确领导下，在国家地震局直接指导下，我省防震减灾工作取得显著成绩，地震监测能力和速报水平明显提高，地震科技创新体系建设成效明显，防震减灾工作体制和法规体系日趋健全，社会管理和宣传动员卓有成效。全省地震观测台由2000年的40多个增加到目前的200个，形成了覆盖全省的现代化地震观测网络，实现区域性速报10分钟以内、远震速报15分钟以内、全球速报20分钟左右的高水平。会议指出，我省位于东南沿海地震带较活跃地段，全省各级、各部门要牢固树立忧患意识，本着“宁可千日不震，不可一日不防”、“宁可有备无震，不可有震无备”的原则，摒弃一切麻痹侥幸心理，持之以恒，坚持不懈地做好防震减灾工作，以不变的决心和恒心应对必然会有的破坏性地震。

二、加大力度，进一步做好防震减灾工作

会议强调，我省防震减灾工作要按照国家和省的总体部署，切实加强震情监测预报，切实强化震灾综合防范，切实提高应急救援能力，努力把地震灾害损失减少到最低程度，努力争当全国防震减灾工作排头兵。要做到“六个必须”……

三、新形势下防震减灾工作的方向

会议指出，在新形势下，防震减灾工作要做到“四个坚持”：一是坚持统一指挥，形成合力；二是坚持以人为本，科学防震；三是坚持以防为主，常备不懈；四是统筹兼顾，全面推进。

【简析】

这是一篇工作会议纪要。纪要的前言部分介绍了会议的时间、参加者、议程等基本情况。主体部分围绕着会议的中心，运用了综述的方式，概括了防震减灾工作的主要成绩，也概括了存在的问题。主题明确，主次分明，详略得当。

［例文二］

省政府常务会议纪要

2009 年 4 月 14 日，××省长主持召开省政府常务会议。参加会议的有：常务副省长黄××，副省长肖××、雷××、李××、林××、宋××，省政府办公厅及其他有关部门的负责同志。省委副书记李××，省人大常委会党组副书记程××，省政协副主席关××应邀列席了会议。会议听取了省发展改革委关于一季度全省经济形势分析汇报。现将会议研究决定的事项纪要如下：

一、关于当前的工作

会议认为，今年一季度我省坚决贯彻落实国家扩大内需、保持经济平稳较快发展的各项政策措施，按照“三促进一保持”的要求，扎实推进各项工作，主要经济指标出现环比增长或降幅收窄，全省经济形势呈现积极迹象，但形势依然严峻。

会议强调，要进一步提振信心，鼓足干劲，努力实现全年生产总值增长 8.5% 的目标。重点要做好以下几项工作……

二、会议审议并原则通过《广东省丹霞山保护管理规定》。会议认为，通过制定规定，将丹霞山保护管理纳入国民经济与社会发展规划中，将丹霞地貌、地质遗迹、珍稀动植物、自然河流水景、历史文化等景观列为严格的保护对象，符合《保护世界文化和自然遗产公约》的要求，有利于保护丹霞山自然资源、人文资源和生态环境。会议提出，要加强丹霞山保护与管理，将丹霞山保护范围划分为特级、一级、二级、三级保护区和景观环境保护带，采取相应的保护措施。

三、会议审议并原则通过关于《广东省实施〈中华人民共和国政府采购法〉办法（草案）》的议案，将提请省人大常委会审议。

【简析】

这是一篇常务会议纪要。纪要的开头介绍了时间、地点、参加者和列席者及主持人等。主体按照会议的进程及议题采用分项式，概括而具体。

［**例文三**］

聚我民族精神扬我中华国威

——“增强中华民族凝聚力座谈会”纪要

今年9月1日，广东省社会主义学院中华民族凝聚力研究中心与本报理论部联合召开了“增强中华民族凝聚力座谈会”。会议由广东省社会主义学院副院长、中华民族凝聚力研究中心主任孔××主持。广东省政协副主席郑×等近20位专家、学者在会上发言。兹将座谈会发言摘登如下：

郑×（广东省政协副主席、广东中华民族凝聚力研究会会长）：我们开展“增强中华民族凝聚力”的研讨活动，在海内外引起了强烈反响，取得了较大的成绩。目前，对这一课题的研究，应该从广度、深度上进一步加深认识。

张×（广东省社会科学院院长、研究员）：现在我们面临的形势是挑战与机遇共存。应对挑战，最有力的是凝聚力。我们只有凝聚起来，才能闯过难关，取得胜利。现在的形势也给了我们机遇，抓住机遇与应对挑战一样要增加民族凝聚力。

卜××（广东省社会主义学院副院长）：中国文化传统延续五千年而历久不衰。在一个幅员辽阔、民族众多的国度里能长期统一，说明了中华民族具有很强的凝聚力……

肖×（广东省民俗学会秘书长）：广东实行改革开放以来，社会生活中和各项工作上都出现了许多新的因素、新的内容和新的问题，有待我们研究。

梁××（广东教育学院院长、教授）：增强民族凝聚力是发展经济、建设有中国特色的社会主义的需要。

【简析】

这是一篇座谈会纪要。为了突出会议的中心与目的，纪要的标题采用了双标题式的写法。开头干净利落地介绍了会议的自然情况。主体部分采用了摘录式的写法，客观全面、准确地反映了与会者的观点、思想和会议的基本情况。

思考与练习

1．会议纪要与会议记录有什么区别？

2．会议纪要有什么特点？它的并行性特点表现在哪里？

3．指出下文的错误，并作修改。

分房会议纪要

会议时间：1999 年 5 月 9 日 14：30—17：30

地点：641 会议室

参加人员：×××、×××……

会议由分房委员会主任、主管后勤副校长××同志主持，各系主任出席了会议。

会上，房产科××同志首先介绍了目前学校住房情况、房改精神，最后，全体委员就目前住房分配上存在的问题进行了认真讨论。决议如下：

一、同意将现有的两套住房分配出去，以缓解目前部分教师住房困难。

二、××同志此次分房申请不予考虑。

三、××同志的一次性调房申请，鉴于目前房源紧张，待以后解决。

四、此次分房申请中的三人，有两人符合学校分房条例规定的条件，可参加分房。

××大学住房分配委员会

4．根据下列材料，写会议纪要。

6 月 1 日，海南省农业厅召开 2009 年第三批中央扩大内需投资农业建设项目实施布置视频会议。会议要求，各项目单位要高度重视，加强领导，精心组织，严格项目和资金管理，加快项目实施，确保第三批新增中央投资项目工程建设质量和投资效益。

会议由厅办主任赵××主持。朱××副厅长出席并作重要讲话。

朱××说各级项目负责单位要做到领导到位，措施到位，谁主管谁负责，主要领导亲自抓，分管领导具体抓，层层落实责任。要积极落实，严密实施。各项目负责单位要积极落实配套资金，抓紧组织项目设计和概算，不得随意调整和变更项目建设内容。要加强监管，确保质量。各项监管工作一定要到位，发现问题，及时解决，确保项目顺利实施，确保工程质量和效果。

会上，厅兽医处陈××副处长就今年中央投资的县级动物防疫体系基础设施建设项目提出了具体要求。他说，一要做好项目初步设计概算，尽早上报省农业厅和发改委；二要根据省发改委、农业厅《关于下达我省2009年动物防疫体系建设项目第三批扩大内需中央预算内投资计划的通知》（琼发改农经〔2009〕812号）文件精神，落实好项目配套资金；三要认真组织好项目土建工程及仪器设备的招标工作；四要建立起项目建设进度旬报制度，及时反馈项目建设信息。

厅计财处莫××副处长通报了省农业厅负责实施的2009年第三批扩大内需新增中央预算内投资计划基本情况，并对项目实施提出意见。他说，省农业厅实施的第三批扩大内需新增中央投资项目有：动物防疫体系建设和农产品质量安全检验检测体系建设2个项目，总投资2320万元……项目主要是在2008年中央新增投资建设省级农产品质检中心、琼海市和昌江县的县级质检站3个项目的基础上，下达上述项目第二批投资计划，增加下达屯昌县县级质检站投资计划。投资主要用于新建或改建检验检测实验室和购置仪器设备。从而逐步建立起我省农产品质量的保障体系，确保人民生命健康安全。

厅办公室、计财处、兽医处、质量处，省动物疫控中心、省动卫所等单位负责人在主会场参加了会议；各市县畜牧兽医局、农业局的负责人在市县分会场参加了会议。

第四章　事务与礼仪文书

第一节　计　划

计划是为完成某一特定任务而作出预想性部署和安排的一种公用文书。具体地说，为了顺利完成未来一定时期的工作（生产、科研和学习）任务，人们根据党和国家的方针政策，上级的指示精神及本单位、本部门的实际情况、指定目标，提出具体要求，制定相应措施，并将这些内容写成书面材料，这就是计划。计划是一个总称，在实际工作学习中，常见的计划名称还有规划、安排、打算、要点、方案、设想等，名称不一，内涵也有所不同。比如规划，它是一种时间较长、范围较大、内容较为概括的计划。安排是近期内时间较短、范围较小、内容较为具体的计划。设想和打算是初步的，考虑欠成熟、周到的计划。要点、方案常常是上级下达的文件，侧重于政策性、原则性的指导。

一、计划的作用

计划是管理工作的重要环节和手段。只有加强计划管理，通过计划、规划的制订、执行、检查和分析，才能对生产、工作、学习等各种活动进行协调和控制，以便有效、充分地利用人力、物力、财力达到规定的目标，提高管理效率和经济效益，取得良好的效果。可以说计划制订的好坏往往决定着生产、工作、学习的成败。具体说来其作用如下：

1. 计划是人们行动的纲领

一个组织只有目标统一，意志统一，行动统一，才能兴旺发达。一个人只有目标明确，其奋斗才有方向。计划就是人们行动的纲领。俗话说纲举目张，有了计划，整个生产、工作、学习等管理就是统一的整体，就能发挥整体的最佳效能。

2. 加强计划性是提高工作效率和效益的重要手段

现代化的管理过程是一个复杂的、劳动分工十分精细的、协作关系十分严密的科学的有机整体。这个整体各个环节和各项生产活动要想按比例协调地进行，就必须制订一个统一的计划，作为全体人员的行动指南。这样就可以避免因混乱而引起的浪费现象，做到行动步骤有条不紊，按部就班，避免轻重不分，前后倒置，及时而又保质保量地完成生产、工作、学习任务。

3. 计划具有行政和规章的约束力

对于组织来说，计划一经通过和批准，就具有行政或规章制度的约束力，有关部门、有关人员必须严格遵守，并努力实施。

二、计划的种类及特点

1. 计划的种类

计划的种类很多，按不同的标准，可以分为不同的种类。

（1）按内容的宽窄分，有专项计划和全面计划。

（2）按性质分，有生产经营计划、工作计划、科研计划、学习计划、文体活动计划等。

（3）按范围分，有国家计划、单位计划、集体计划和个人计划等。

（4）按时间分，有年度计划、季度计划、月份计划和周计划。

（5）按约束作用分，有指令性计划、指导性计划。

2. 计划的特点

（1）明确的目标性。计划是为完成工作或学习任务而制订的，因此任何一份计划都必然有一定的目标和任务。目标明确、任务具体是制订计划的前提条件，又是计划的导因与灵魂，也是制订计划的可靠依据。

（2）科学预见性。计划是对预期的工作作出安排，也就是对未来一定时期内的工作的设想和安排，所以无论是计划的目标，还是计划的措施、步骤都是预想出来的。但必须是从实际出发的科学的预想，不是想当然的主观猜想。因此，目标、措施、步骤都要实实在在、切实可行。

（3）执行的约束性。计划的执行要有一定的约束性，没有约束的计划往往是流于形式的计划。计划的约束性主要体现在制度上和时间上。

（4）实施的可调性。计划既然是对未来一定时期内工作的设想和安排，就应该知道未来往往会有许多不可预知的存在，制订计划时就要充分考虑到这些因素，以便在实施中，能根据实际的变化及时地作出适当的调整。

三、计划的制订与写法

1. 计划的制订

一些重要的计划，尤其是经济计划的制订一般都须经过下列过程。

（1）学习和研究党和国家的经济工作的方针政策，领会精神实质，提高自己的政策水平，制订合乎政策的计划。

（2）认真分析本行业、本地区、本单位工作的实际情况。实际情况是计划的根据和基础。在学习、领会方针政策的前提下，必须认真全面地分析本单位、本地区、本行业的实际情况、实际能力，特别是对生产、经营活动中可能出现的一些偏差、障碍、困难作出预测、分析，制定出相应的预防和克服的措施。

（3）计划草案制订后，交有关人员讨论、研究，听取各方面的意见。也可以向全体人员公布、征询，集思广益，反复修订，使之更加科学、完善。

一些重要的计划，还应该同时提出几个具有一定对比性的方案，请有关专家进行充分论证，从中选出优化的方案。如我国三峡工程计划就组织了全国有关方面的几百名专家进行了长时间的可行性论证。

2. 计划的写法

（1）常见的形式。计划常见的形式有两种：表格式和条文式。

①表格式。表格式即用表格的形式来表现计划内容，就是将计划制成表格形式，然后将计划内容逐项填写，如课程表、日程表、行程表等。

②条文式。条文式即把计划内容分条列项地写出来。内容较多的计划一般都用这种形式。

（2）计划的结构与写法。计划的结构包括标题、正文、结尾三部分。

①标题。一般由制订单位名称、计划时限、计划内容和文种四部分组成。如《××大学继续教育学院2002—2003年度教学计划》。

②正文。计划的正文一般包括指导思想和基本情况、任务和要求、方法和措施、步骤和时序四项内容。写清“为什么做”“做什么”“怎么做”“什么时间做完”。其结构由前言、主体和结语三部分组成。

a. 前言。前言是写计划的依据，回答“为什么做”。计划的依据通常包括对前一段工作的回顾评价、指导思想、基本情况、总的任务、指标和要求。当然在具体制订计划时，不一定每一份计划都写清这些内容。如本节例文一只写了现实依据和总的任务和目标，写得精练而一目了然。

b. 主体。主体写计划事项。计划的事项要分条列项地写明目标和任务、方法和措施、时间和步骤等内容，回答“做什么”、“怎么做”、“什么时间做”的问题。

第一，目标和任务。目标和任务是一份计划的核心，一份计划若没有明确的目标、任务，也就失去了制订计划的意义。计划的目标、任务必须具体明确。诸如具体的数量、质量要求、什么样的规格等必须明确。

第二，方法和措施。有了目标还应有相应的方法和措施，如动员哪些力量，采取什么方法，创造哪些条件，克服哪些困难等。俗话说“十分计划，十二分措施”，从某种意义上说，措施更难制定。方法得当，措施有力，目标容易实现。本节例文一的措施分别从强化质量意识到设备改造、制度建设、监督责任等几个方面写，具体明确。

第三，时间和步骤。时间和步骤是计划的进度安排。诸如任务总体应何时完成，可以分为几个阶段，每一阶段的进度安排都应该制定得具体、明确。还有的工作有主次之分，哪主哪次，哪先哪后，从时间上，都要有交代。

不是每篇计划都像这三个方面这样机械地安排，有的是可以交叉的。比如本节例文一就把时间和步骤融于目标之中。

c. 结语。结语主要是提出要求和希望，或发出号召，或写明如何检查督促，以及为保证计划的实施而采取的奖惩办法等。但有时也归入措施之中，不再另起一段。

③计划的结尾。结尾又称落款，指在正文右下方写明日期，如若标题中没有单位名称，还要在日期上署上计划单位的名称。

四、例文分析

[**例文一**]

××造纸厂1999年质量工作计划

在市场经济体制下，企业的外部环境发生了很大的变化，所面对的竞争也越来越激烈。企业的管理必须以质量管理为首，努力提高质量，增强企业的竞争能力。1999年是工厂产品质量升级，品种换代的重要一年，特制订本计划。

一、质量工作目标

1. 一季度增加2.5米大烘缸两台，扩大批量，改变纸页温度。

2. 三季度增加大烘缸轧辊一根，进一步提高纸页的平整度、光滑度。要求此项指标达到QB标准。

3. 四季度改变工艺流程，实现里浆分道上浆，使挂面纸板和水泥袋纸板达到省内同行业先进水平。

二、质量工作措施

1. 强化质量管理意识，进行全员质量意识教育，培养质量管理骨干，使广大职工提高认识，管理人员要注意方法。

2. 成立以技术副厂长为首的技改领导小组，主持为提高产品质量以及产品升级所需的设备、技术改造工作，负责各项措施的落实和检查工作。

3. 由上而下建立好质量保证体系和质量管理制度，把提高产品质量列入主管厂长、科长及技术人员的工作责任，年终根据产品质量水平分配奖金，执行奖惩办法。

4. 本计划纳入1999年全厂工作计划。厂部负责监督、指导实施，各部门、科室要协同、配合，确保本计划的完满实施。

××纸厂（印）
一九九九年五月十二日

【简析】

这是一份典型的专项工作计划。标题简单明了，四项要素俱全。前言概括了计划的总的任务和目标，寥寥几笔就把目的、任务及根据说得明明白白，领起下文具体的计划事项。从第二段到正文结束是“主体”，写计划事项。这部分采用分条列项的写法，写明了具体的目标、任务、措施和步骤。三项目标任务（而且还把步骤也融在了其中），四项措施，写得简明扼要，具体明确。

[例文二]

×××厂××××年核定流动资产定额的工作计划

根据上级关于核定流动资产定额通知的精神，提出我厂核定××××年度流动资金定额工作计划如下：

（一）目的和要求

在去年核资的基础上，结合增产节约运动中揭露的问题，发动群众挖掘资金潜力，按照正常生产最低需要的原则和加速资金周转的要求，重新核定资金定额。通过核资，认真建立和健全制度，进一步提高企业管理水平。

（二）方法和步骤

1. 这次核资按分级归口、自查自核、专业部门协助的办法进行。具体做法是：

（1）定额的计算，以第×季度生产计划为依据。

(2) 一切不参加周转的滞呆、积压物资和供、产、销各个环节不正常因素所需的额外资金，不包括在核定范围内。

(3) 凡是原材料供应方式、地点、价格发生变动，产品生产周期和存放期发生变化，或者销售条件和结算方式改变，均据实予以调整。

(4) 供应正常，可以保证供应或者有其他代用品的原材料，一律不计算保险日数。

(5) 各项定额均需分项计算，并计算系数。如纸张应分品种计算等。

2. 核资工作分三步进行：第一步，各部门自查自检，财务科配合协助；第二步，全厂平衡，汇总上报；第三步，建立和健全制度，深入动员，做好执行定额的思想准备。

（三）时间安排

总的时间为一个月，自即日起到×月底止，具体安排如下：

1. ×月×日至×日，财务科测算，开始拟定资金归口管理办法，厂部动员。

2. ×月×日至×日，各部门准备资料，发动有关群众讨论，自查自检。

3. ×月×日至×日，财务科综合平衡，上报方案，各部门酝酿讨论资金归口的办法，开会听取汇报。

4. ×月×日至×日，向上级办理资金缴拨，公布资金归口办法。

××××年×月×日

【简析】

这是一份专项工作计划。开头用一句话极简练地说明了本计划提出的依据：“根据上级关于核定流动资金定额通知的精神”，并自然过渡下文。从第二节到结束是计划的“主体”，写计划的事项。这部分采用分条列项的写法，以类似小标题的形式，条理清晰地写明了计划的“目的和要求”“方法和步骤”“时间安排”，具体、清楚、明确，结构完整。

思考与练习

1. 结合自身经历，简述计划的种类与作用。
2. 修改标题。

(1)《北京市远景发展目标和十五计划安排》

(2)《2002 年暑假英语补习规划》

3. 计划的种类是如何划分的？分析下列计划所属种类。

(1) ××大学 2000 年工作要点

(2) ××公司 2001 年财务成本计划

(3) ××公司远期改造规划

(4) ××厂 2002 年经营管理工作计划

4. 试拟一份下学期个人学习计划。

第二节　总　结

总结是对一个阶段的工作或已完成的一项任务的回顾、检查和研究，找出经验、教训，并把它条理化、系统化，得出一些规律性认识的书面材料。在实际工作中，总结的作用比较重要，运用广泛。通过总结，我们可以全面、系统地了解工作的情况，从成功中获得经验，从失败中吸取教训。也可以通过总结发现新问题、新情况、新经验，促进工作的开展和进步。

一、总结的种类

由于写总结的角度不同，总结可以分为许多不同的种类。总结按时间分，有阶段总结、年度总结、季度总结、月份总结；按范围分，有地区总结、部门总结、单位总结、个人总结；按内容分，有学习总结、工作总结、生产总结等。但这繁多的总结按具体性质分大体可以归纳为全面总结（或综合总结）和专题总结两大类。

1. 全面总结

全面总结即一个单位、一个部门对一个时期的全面工作加以综合整理归纳而写出的书面材料。这类总结内容详细、涉及面广、时间较长，能反映整个工作的全貌，常用于上级或下级汇报工作，所以大都属于汇报性的工作总结。如年度工作总结、领导班子换届时的工作总结等。

2. 专题总结

专题总结是对某项工作的一个方面或某一专门性问题所作的总结。这类总结在实际生活中运用得较为普遍，每做完一项工作后，就可以写这方面的专题总结。专题总结的内容集中、主题单一，反映局部情况，往往能写深写透。

二、总结的结构与写法

总结的结构分标题、正文和落款三个部分。

1. **标题**

总结标题的写法多种多样，但常见的有三种：

（1）公文式。这种标题一般由单位名称、时限、总结的内容和文种构成，如《××大学2001年科研和学科建设工作总结》。

（2）文章式。标题中没有文种“总结”二字，但本身就体现了总结性质，这种标题形式多样，不拘一格。或是概括总结内容，如《加强交通管理，保障交通畅通》；或是经验的总结，如《抓典型引路，扩大订阅覆盖面》；或突出教训，如《深层的反思》等。

（3）双标题。双标题即正副标题结合式，它是公文式标题与文章式标题的综合运用。一般正标题采用文章式标题，概括总结的主要内容或基本经验，副标题采用公文式。如《从15.8万吨到1.14亿吨——50年来我国钢铁工业的发展》、《探索道路上得与失——××大学三年来的教育改革情况》。

2. **正文**

总结正文由开头、主体、结尾三部分组成。

（1）开头。总结的开头不拘一格，但一般都以概括的语言，扼要交代总结的目的和主要内容。或介绍基本情况，或简述主要成绩经验（或问题、教训），或提示全文要点，以使读者先有一个总的印象。开头的文字力求提纲挈领，概括性强。

（2）主体。这是总结的中心部分。它是开头的展开、补充、说明或者具体化，即用事例和具体的数字统计资料来详细说明工作的过程、效果、成绩、问题、经验、教训等。在行文中，其工作项目的划分，原则上应与开头所列的项目相对应，其观点的确定，也要与总的观点相一致。正文的结构有如下类型。

①板块式结构。这是总结的基本格式。它把全篇按照内容的不同分成若干板块，简明清晰，整体性强。它通常采用下面的顺序安排板块。

a. 做法、成绩、经验。这部分是总结的重点部分，属于正文的主体部分。总结的主要目的是肯定成绩总结经验。一般是对做法进行简单的叙述，对成绩和经验要进行细致的分析。这一部分要写得详细、扎实、具体，做到有观点、有材料。在具体写法上，有的是从事例中引出经验教训，有的则是先从大量事实中概括出几个观点，然后用事例去说明和印证。如《股份制使企业走上了快速发展之路》就从公司实行股份制改革的大量事实中概括出四个观点，然后分别用事例加以说明和印证。也有的是边叙述事实边说明观点，介绍经验和体会。

b. 问题、教训。在总结成绩、经验的基础上，找出存在的问题，找出吸取的教训，以达到改进工作、更上一层楼的目的。这一部分占的比重相对小一些，写得比较概括。

c. 今后的打算及努力方向。这部分要中肯，改进措施和努力方向要明确清楚，切实可行。

②横式结构。这种结构往往是按内容的逻辑关系，把要总结的主要经验分成几个问题，每个问题用小标题的形式把经验概括出来，一个问题一个问题地写。一般的典型经验总结常常用这样的结构形式。

③全文贯通式。正文既不列条例，也不分小标题，而是采用全文贯通、一气呵成的写法。行文中一般用自然段来表示层次。文中既无序号，也无大小标题，而是就具体的工作环节一一叙述，借此总结经验。

（3）结尾。总结的结尾一般比较简单，或表态或展望或建议。不论哪种结尾均宜简不宜繁，宜短不宜长。

3. 落款

落款由单位署名与日期构成。标题中如已出现了单位名称，或标题下已署名，则注明日期即可。

三、总结的写作要求

1. 明确中心、突出重点

总结要根据实际情况和总结的目的，确定中心内容，突出主要问题。不能事无巨细，主次不分，面面俱到。不要罗列材料，记流水账，而应当择其主要工作、主要事迹或主要问题来写，有详有略，这样才能反映工作的实质。

2. 写出特色分析规律

总结要注意共性的东西，也要注意特殊性的东西，真正写出自己的总结来。写总结最忌大路货，谁都可以用，什么时候都能用。另外也不要罗列材料，要对材料进行分析，找出规律性的东西来。

3. 实事求是、报喜报忧

实事求是就是从实际出发，一方面，总结的情况必须真实，确有其人，确有其事，数据资料确凿无疑；另一方面要坚持一分为二地看问题。既要充分肯定成绩，总结成功经验，又要如实地反映缺点，总结失败的教训，“不虚美，不隐恶”，实事求是。

四、例文分析

［例文］

从落实责任制入手加强企业管理的基础工作

××钢铁公司

前几年，我们公司建立了工人岗位责任制和干部职务责任制，对于克服职责不清和无人负责的现象，起到了较好的作用。但是，没有明确每项工作要干到什么程度，达到什么标准。结果衡量没有尺度，考核没有依据，往往是责任制写在纸上、贴在墙上，执行不执行一个样。工人们反映，这样的责任制好像“橡皮尺子”可长可短，不好衡量，容易流于形式。事实说明，生产水平越高，越要落实责任制，把基础工作搞扎实。所以我司应落实责任制，具体做法如下。

一、制定岗位考核标准

我们对全公司劳动管理和责任制的现状进行调查，摸清情况，然后根据各厂赶超国内外先进水平的目标和多快好省的要求，制定了工人的岗位考核标准和干部的办事细则，要求达到“全、细、严”的要求。所谓“全”，就是工人的标准要有七项内容，即产量、质量消耗指标，技术操作标准，事故控制标准，设备维护标准，文明生产标准，限额领料和劳动纪律规定。干部的办事细则必须有四个方面，即分管的指标必须完成，分管的工作必须健全，专业分析必须及时、准确，业务工作必须取得成绩。所谓“细”就是按工人岗位确定标准，每个岗位都要定出几条标准；每个干部都要把所承担的业务，一项一项地定出办事程序、协作关系、时限与完成程度。所谓“严”就是制定岗位标准与办事细则，不能迁就现状，而是要按照创水平、攀高峰的要求来制定。

二、严格按标准进行考核

制定出考核标准后，我们坚持从严考核，用一套定额、计量、原始记录和统计，精确地计算每个岗位的生产效果，科学地分析每项技术操作，使各项经济活动和生产技术操作规范化、标准化、最佳化。各厂矿对工人普遍实行了班统计、日公布、周分析、月总结的制度；各干部按人建立考核手册，按日登记办事细则完成情况，按周由上一级领导签字记分，按月用百分制进行计算。这样使考核的过程，变成了技术分析的过程、班组核算的过程、竞赛评比的过程。有了这套考核办法，既可以有节奏地组织生产，又做到了好坏分明，功过有别，为实行奖惩和升级提供了可靠依据。

三、根据考核结果实行奖惩

在严格考核的基础上，我们把考核同奖惩紧密结合起来，指导考核结果，做到赏罚分明。我们在发放利润提成奖金时，根据在赶超先进水平，实现优质、低耗方面是否有成绩；在降低成本、完成订货合同、实现内部利润等方面经济效果是否显著；在企业管理的基础工作上是否扎实等三方面。为每个厂矿评定分数，按得分多少，把厂矿分为贡献突出单位、成绩较好单位、完成任务单位、工作较差单位四类，并分别按四种标准领取奖金。各厂矿在把奖金分配到人时，还要根据平时考核，按贡献大小、能力高低、劳动态度三方面，对每个职工评定分数，按分计奖。工人们说：过去发奖金，不是“一人一汤”，就是领导印象。现在是奖多奖少看贡献，贡献大小有考核，有赏有罚心里明。

实践说明，制定岗位考核标准，严格按标准进行考核和根据考核结果实行奖惩三位一体，是落实岗位责任制，把企业各项管理基础工作进一步扎根基层的行之有效的办法。

【简析】

这是一份专项总结，是××公司就落实责任制、加强企业管理工作的情况所做的专题经验总结。前言以概括的语言，扼要地交代了最初实行责任制时，由于没有明确、具体的责任目标和标准，而往往流于形式的情况。从而得出了“生产水平越高，越要落实责任制，把基础工作搞扎实”的结论。这既呼应了文题，又引渡下文。主体部分采用了小标题的形式，把主要经验概括出来，然后从考核标准到严格考核和实行奖惩一一加以具体介绍说明。层层展开，脉络十分清晰。结尾以极其简洁的语言，总结全文作结，照应开头，结构十分完整。

思考与练习

1. 什么是总结？怎样才能写好总结？
2. 什么是全面总结？什么是专题总结？二者有何区别？
3. 联系单位或个人实际，写一份全面总结的提纲。
4. 分析病文，指出错误。

（一）

××乡上半年工作总结

半年来本乡在精神文明和物质文明方面做了许多工作，取得了很大成绩。半年来，主要做了以下工作：动员组织乡、村干部和广大群众学习中央一号文件；安排、落实全年生产计划；推行、落实承包责任制；帮助专业户发展；修建乡小学校舍；建乡食品厂方便面生产车间厂房；推销乡果脯厂、食品厂、编织厂的产品；为乡机械厂解决原材料不足问题；美化环境，街道两旁栽花种草；封山植树；办了一期果树栽培技术培训班；健全了乡政府机关，调整了工作人员，开始试行乡干部招聘制。半年来，在工作繁杂、头绪多而干部少的情况下，能做这么多工作，主要是因为：

一、上下团结。乡领导和一般干部都能同甘共苦，劲往一处使。工作中有不同看法，当面讲、共同协商。互相间有意见能开展批评与自我批评，不犯自由主义。例如经营科同志对乡长不同他们商议，擅自更改果脯厂的奖励办法，影响产量一事有意见，经当面提出，乡长接受，做了自我批评，并共同研究了新的奖励办法，使生产量又增加。

二、不怕困难。本乡企业刚刚起步，困难很多，技术力量薄弱，原材料不足，产品销路没有打开等。为此，经管科的同志和全乡干部共同想办法，他们不怕跑路，放弃自己的休息时间，忍饥挨饿受冻，四处联系，终于解决了今年所需要的原料，推销了一些产品。

三、领导带头。乡的几位主要领导带头苦干、实干。他们白天到下边去调查了解情况、解决问题，晚上才开会研究问题，寻找解决的办法。领导干部夜以继日地工作，带动了全乡工作。

（××乡人民政府印）

一九九九年五月十日

（二）

×××班校风活动月工作总结

在校风活动月，本班学生本着自强、自立、自尊、自爱立身精神，严格要求自己，在学习、纪律、文体活动等各个方面均表现良好。

本班同学思想积极，要求进步，现有21名学生申请入党，并参加了申请入党的课程学习。还有多名学生参加了九运会江门赛区青年志愿者誓师大会。本班同学均有很强的求知欲，学习非常自觉。上课认真听讲，课堂纪律良好，受到任课老师的好评；课余时间，同学们也都能合理地安排时间自习。学校四次突击检查早读情况，本班同学均能按学校规定学习。系里举办五次学术讲座，本班出席率均达到了95%以上。学生均能按学校的各项规章制度办事。晚自习或其他活动均没有违纪情况。早操出席率为100%，有7人代表中文系参加校田径运动会。×××、×××、×××3名同学代表本班参加校规及管理条例知识竞赛荣获第2名。×××、×××、×××3名同学代表本班参加系里策划的团、党章知识竞赛，获初赛第2名。×××、×××、×××代表本班参加系辩论选拔赛，×××同学辩论出色，入选中文系辩论队。在校风征文活动中，本班也有良好的表现，在规定时间内超额完成任务。

第三节　简　报

简报是党政机关、群众团体、企事业单位编发的汇报工作、反映问题、交流经验、沟通情况的一种简明扼要、带有一定新闻性质的内部文件。常见的“工作动态”“情况反映”“通讯”“内部参考”“快报”等都属简报。这种内部刊物的报头，又总是套红印刷，所以，又称“红头小报”。

一、简报的特点

1. 迅速及时

简报类似新闻报道中的“消息”，特别讲究迅速及时，即编发简报的时间要迅速，反映情况要迅速，传递信息要迅速，处理问题也要迅速，否则就失去时效性。尤其是会议简报，更注重时效性，常常是上午讨论的情况，下午写出简报；下午讨论的情况，晚上出简报。如果不及时编写，各组讨论的情况得不到交流，就会影响会议的质量。

2. 简明扼要

简报要想做到迅速及时，就必须简明扼要。其具体表现为内容集中、语言简洁、篇幅短小。简报一般都在千字上下，最多不超过两千字。文字干净、利落，没有废话。内容也是一事一文。写法要开门见山，直截了当，一般以概括叙述为主，下笔直陈其事，不需描写和抒情，只需把事情的来龙去脉及有关情况交代清楚即可。

3. 新鲜活泼

简报要反映新情况、新问题、新动向、新经验，即使是重复过的工作，也要写出新的特点、新的意义。但在表达形式上较为灵活多样。

4. 真实可靠

简报主要是向领导机关反映情况的，是领导决策的参考和依据，所以内容必须真实可靠。简报要真实地反映情况，不得作假，不得随意夸大事实或掩盖事实真相。

二、简报的分类

1. 会议简报

会议简报是指会议期间为反映会议进展情况而编发的简报。有综合性的，综合地反映会议的整体情况；也有专门性的，就一件事或一个问题而写。

2. 经验简报

为推广某一工作的典型经验而写的简报。这类简报着重介绍工作中的具体做法和行之有效的措施，以及应注意的问题，从中发现具有推广意义的经验、规律。

3. 情况简报

情况简报是为推动日常工作而编写的简报。常见的如“工作动态”“情况反映”等。其任务是反映工作进展情况，或批评落后，表扬先进，指导工作。

4. 专题简报

专题简报是为了配合某项重要的临时性、突发性的工作任务而写的简报。此类简报属于阶段性简报，其目的是为了及时反映工作的进展情况，有效地指导工作开展。

三、简报的格式与写法

1. 简报的格式

简报有比较固定的格式，一般有报头、报核、报尾三个部分，每个部分用横线隔开。

(1) 报头。报头由以下部分组成：名称，或行书或草书或宋体套红居中。期数，名称之下居中。密级，一般只注明“内部文件，注意保存”，居左上角。编发单位，居左下角，全称。发文日期，居右下。

(2) 报核。报核由标题、正文组成。

(3) 报尾。即附加成分，在简报最后一格，表明发送报的范围、印刷份数。

内部刊物（密级）
注意保存编号

×××简报（名称）
第×期（期数）

×××编（编发单位）　　　　　××××年××月××日

×××（标题）

　　××××××××××××××××××××××××××××××
××××××××××××××××××××××××××××（正文）

报：×××（上级）
送：×××（平级）　　　　　　　　　　（共印××份）
发：×××（下级）

2．简报的写法

（1）标题。简报的标题要做到确切、醒目、简洁、富有吸引力，在写作上多采用新闻报道的标题写法。或直接交代主要内容（经验），如《××地区全面实行银行代收制》；或概括主题，如《××市今年春节市场货源足、品种多、服务优》；或用双标题，如《如何控制大气污染——中外专家羊城作研讨》。

（2）正文。简报的正文一般由导语、主体和结尾三部分组成。

①导语，即简报的开头部分。概括主要内容或主要事实，文字要简明扼要。简报的导语与新闻消息的导语相似，有如下几种类型：

a．叙述式。概括叙述事情的主要内容，在写法上先交代何人、何事、何时、何地、何果，使读者对事情有个大体的了解。如《××大学召开教学工作会议》：

我校于5月20日召开教学工作会议，全校教职员工300多人参加会议。会议由书记×××致开幕词，副校长×××作了主题讲话。

b. 提问式。把简报中的主要内容，用一个设问句提出来，然后用叙述回答出所提出问题的内容。如《如何控制大气污染——中外专家羊城作研讨》：

如何控制大气污染，这已经成了全世界瞩目的问题。最近数百名中外专家汇集广州对此作了广泛而深入的探讨。

c. 结论式。先交代问题或事情的结论或结果。如《××市今年春节市场货源足、品种多、服务优》：

今年××市政府把春节市场供应作为年末工作的重中之重。成效很大，春节市场货源足，品种多，服务优，受到广大市民的好评。

②主体。主体是简报正文的核心部分。它是对导语部分的具体展开，即用丰富的材料，典型的事例，把导语提出的问题具体化。在结构上，可以按时间顺序，即按事情发生的时间、地点、人物、起因、经过、结果等依次写清楚。也可以按一定的逻辑关系来写，层层推进、由表及里、由此及彼进行原因剖析。较长的简报在主体部分还可采用小标题的方法，即按几种情况、几种经验、几条意见等一一写清。

③结尾。简报的结尾常用一段话简要地收束全文。或号召、或希望、或提出下一步的打算或措施。

(3) 编者按（按语）。内容重要的简报，或者有普遍意义的简报，一般在简报的标题之上加按语，以引起注意。按语多是根据领导的意见起草，其内容或强调重要的现实意义，或说明领导部门的重视，或说明其参考价值。总之按语是代表简报制作单位意向的，往往是针对本期简报所反映或提出的问题所发表的倾向性意见，因此要格外慎重。要力求做到观点鲜明、见解精辟、文字精练。

四、例文分析

[**例文一**]

市卫生局到我站进行年度目标考核

3月14日下午，市卫生局对我站进行2009年度目标考核。本次考核由市卫生局陈副局长带队，11个检查小组组成考核团，分别从行政后勤、党务人事行风、财务审计、护理管理、卫生监督和医技科室质量管理等11个方面对我站2009年工作进行了细致的考核检查。

考核期间，首先由梁站长向考核团汇报了我站去年的工作情况。各检查小组根据年度目标考核要求，通过现场检查、查看资料、提问工作人员等方式逐一检查，我站各科室对此次考核十分重视，积极配合做好各项迎检工作。考核过程严肃认真，实事求是。

考核反馈会上，各检查组充分肯定了我站2009年所取得的工作成绩，认为我站扎实开展各项工作，亮点突出，持续改进工作得到落实。同时，对本次检查也提出了一些需要进一步改进的意见和建议。最后，程××副局长提出三点要求，一是加大无偿献血宣传力度，尤其是加强农村和中小学生献血宣传；二是严抓血液质量，确保用血安全；三是加强内部建设，不断提高人员素质。血站领导表示一定会按照局领导和各位专家的意见和建议，加以整改，认真落实，为确保我市的采供血安全做出应有的贡献。

【简析】

这是一份情况简报。导语采用了常见的叙述式，简要交代了背景，概括了检查组的基本情况。主体在写法上，借鉴了新闻消息写作的惯常写法，以时间为顺序，客观反映了检查的全过程。全文既没有对具体细节作一些描述，也没有对其目的意义作过多议论，完全用事实说话。

这份简报能抓住工作中出现的新情况、新事物，及时报道，充分体现了简报迅速及时、新颖独特的特点，同时，也写得简明扼要、短小精悍。

［例文二］

××地区全面实行银行代收制

从1999年1月1日起，××省××地区行政事业性收费全面实行银行代收制。

实行银行代收制，就是财政部门与商业银行联合，利用银行网点进一步拓展收费场所，增加代收网点，以便更好地实行行政事业性收费单位开票、银行代收、财政统管的规定。凡全区行政机关、事业单位和社会团体及政府授权的其他组织履行或行使政府职能，依据国家法律、法规和国务院、省人民政府及其财政、物价部门的规定而收取或提取各种财政性资金，均实行“收缴分离”，委托银行代收。这样既方便了缴费人，提高了收费过程中的办事效率，又促进了廉政建设。

【简析】

这是一份工作情况简报。它借用了新闻报道式的写法，前言概括了事件的时间、地点、事件等，写得简明扼要。主体紧扣前言，具体介绍了什么是“银行代收制”和这样做的好处，写得集中、精练。

[**例文三**]

我市新产品质量稳定提高

今年以来，我市新产品质量稳定提高，1至10月重点考核的40种主要新产品，质量稳定，提高率高达82%，比去年同期的40种新产品提高率高16个百分点；优质产品产值比去年同期提高了54.4%；参加全国和省同行业评比的40种新产品中，有13种获得全国或全省第一名，创历史最高水平。这种新局面的出现，是在市委、市政府的统一领导下，各有关部门和企业共同努力的结果。我市在实际工作中主要采取了以下措施：

一、加强对质量管理工作的具体领导

市政府于年初召开了质量会议，对各工业部门和企业提出了具体要求，强调把产品质量升级和创优计划落实到每个企业。然后市经委、市标准计量局、市工商局等单位联合组成市创优办公室，进行分类指导；对145种新产品，提出升级目标，并逐个进行了复查和具体指导；对质量较差的一些新产品，组织质量管理人员和技术人员会诊，对影响产品质量的问题进行攻关；对于片面追求产值、产量，造成新产品质量低劣的企业，限期扭转或停产整顿。

二、严格执行质量标准

今年全市有21种新产品采用国际和国家级标准，许多执行部、省、市级产品标准的企业，还制定了高于现行标准的内控标准，并且严格按内控标准组织生产，如变压器厂等13个单位今年有10种产品采用了国外先进标准，13种产品制定了内控标准，193种原材料制定了使用标准，做到了不合格的原材料不准使用，不合格的中间产品不流入下道工序，达不到标准的产品不出厂。

三、狠抓质量监督检查和信息反馈

市增建了产品质量监督检验所，下设四个质量检验站。各所、站与有关部门和各企业挂钩，密切联系，坚持对大宗产品抽样检查，对优秀新产品全面复查。今年受全面监督检查的产品比去年增加25.4%。机械、纺织等系统，增设了质量监督检查网点，制定了近800种质量检查方法，实行了日报告、旬分析、月总结制度，使新产品质量不断升级，有29种新产品荣获省优秀新产品称号。

四、广泛开展群众性的质量管理活动

全市建立全面质量管理小组928个，这些小组围绕着企业经营目标，开展提高产品质量、服务质量、经济效益的创优活动，已取得144项重大质量成果，创造直接经济价值454万元。为了提高广大职工的质量管理水平，市委先后举办了6期全面质量管理学习班，培训了500余名骨干，这批骨干在各系统各单位当“小先生”，已在全市举办全面质量管理学习班184期，培训职工12 713人；举办各类技术班47期，培训职工2 875人。

目前，全市正按行业分7条战线开展质量大检查活动，查思想、查管理、查质量，边查边纠，决心把各项产品提高到新的水平。

【简析】

这是一份经验简报。标题直截了当，概括主题。正文的导语采用的是结论式的，即先交代质量稳定提高的具体成果。主体部分，紧扣导语，以小标题的形式，分别从四个方面介绍了取得新局面所采取的措施，即经验。结尾交代一下情况，表示一下决心。全篇文字简洁，内容充实、具体。

思考与练习

1. 什么是简报？它有哪些特点？
2. 简报主体部分的写作要求是什么？
3. 根据下列材料起草一份简报。

4月10日以来，在学校主干道上记者常看到这样的镜头：一名校卫队员礼貌地举手敬礼，示意没戴头盔的摩托车驾驶员停下，请他戴上安全头盔并注意交通安全，最后还向没戴头盔的驾驶员赠送了一顶崭新的摩托头盔。

4月9日学校针对前段时间校园内发生的几宗交通意外，发出了《关于交通安全的紧急通知》，提醒广大师生员工及家属树立交通安全防范意识，严格遵守交通规则，要礼让，摩托车驾驶员一定要戴头盔等。继上个学期在校园路上安装交通灯，树立限速行驶的警示牌后，近日又在校门口、宿舍区树立了交通安全警示牌。主楼电子屏幕上发布关于加强交通安全管理的紧急通知。与此同时，校卫队还在主要路段设置临时检查岗，对超速、逆行的车辆及不戴头盔的摩托驾驶员进行教育、规劝，并向没戴头盔者赠送由××证券提供的印有安全警示标语的头盔。

据悉，经过两周的整治，超速、逆行、不戴头盔等违规现象得到遏制，违规率从原来的70%下降至10%左右，但学校还是提醒大家“为了你的安全，请遵守交通规则”。

第四节 调查报告

调查报告就是用一定的科学方法，对某个问题或某一事件进行调查研究后，将调查研究的结果写成书面材料。它是认识客观事物的手段，又是解决实际问题的起点，还是制定方针政策的依据。调查报告，一是“调查”，二是“研究”。没有调查，就不会产生报告；光有调查，没有研究，只能是问题或事件的简单罗列，也写不出报告。比如要写一份合格的市场调查报告，就要对市场的供求现状和影响市场变化的诸要素，作全面的了解后，进行分析研究得出结论，即收集、记录、整理、分析市场对产品的需求情况以及与此有关的资料，并作出判断，最后用文字表达出来。所以，周密的调查、悉心的研究分析、完善的表达便构成了调查报告的三要素。

一、调查报告的特点和种类

1. 调查报告的特点

（1）现实针对性。进行调查研究，撰写调查报告，目的是为了解决现实中出现的问题。或是弄清事件的真伪，或是了解问题的来龙去脉，或是总结工作中的经验教训等。因此，调查报告的起草人必须从工作的实际需要出发，有针对性地调查研究，或澄清事实，或提出解决的办法，或总结经验。从一定意义上说，针对性是调查报告的灵魂，针对性越强，指导意义越大。

（2）材料的真实性。尊重客观事实，用事实说话，是调查报告赖以存在的基础。人们往往通过事实去了解和认识事物，所以无论是弄清事件的真伪，还是总结经验教训，研究新事物，都必须以充分的确凿的事实为依据，用事实去阐明道理、说明问题。

（3）报告的科学性。调查报告固然要以事实为基础，但它不是材料的简单堆砌与现象的罗列，而是通过对客观事实的深入调查研究与具体分析，由表及里，揭示事物发展的规律。所谓的科学性就是对事物发展的某种规律性的认识。只有具有科学性，才能发挥调查报告的指导性。

2. 调查报告的种类

调查报告可以从不同的角度分类。按写作对象的性质内容来分，常见的有以下几种。

（1）反映情况的调查报告。这种调查报告主要反映某一地区在某一阶段时间内的工作情况、社会情况。这类报告常总结带有普遍性的情况、规律，为制定或修改有关政策、措施提供依据。

（2）总结经验的调查报告。这是较常见的调查报告。它主要是对典型事例、典型经验所进行的专门调查。这类调查报告以反映调查对象产生的条件、发展的规律为主要内容，以供人们学习和借鉴。

（3）揭示问题的调查报告。这一类调查报告是根据工作需要，为弄清现实情况，解决矛盾和问题，打开工作局面而写的。它一般是用调查到的大量事实，揭露某一问题的危害，以引起人们的重视，达到弄清是非、教育群众、解决问题的目的。这类报告揭示的问题要尖锐，针对性要强。

二、调查报告的写作

1. 选题

写调查报告，选题非常重要，一般关注的问题有以下三方面：

（1）工作中的重点、难点，典型经验，存在的问题等。

（2）社会中的热点，新生事物，存在的问题等。

（3）学校中的有关学生生活，学习，心理等方面的问题。

2. 调查研究

调查研究一般可遵循以下程序进行：

（1）调查准备。

①情况分析。情况分析，即对现有的一些情况作必要的分析，以确定有无调查之必要。比如要进行市场调查，就要将企业内部现有的各种相关资料和竞争者的情况加以分析，以了解商品的销售情况。

②非正式调查。通过与有关人员非正式交谈了解状况和他们对问题的看法。

（2）调查计划的拟定与实施。

①拟订调查计划。

a. 确定调查目的。根据状况分析非正式调查的结果，确定调查目的。

b. 确定资料的种类及搜集的方法。资料分为直接资料和间接资料。选择间接资料时，应考虑资料的真实性和有用性。直接资料的搜集可采用询问法、观察法和实验法等实地调查法。

c. 确定调查对象及重点。确定调查对象及重点，即抽样。就是根据调查目的确定母群体、样本性质、大小及分配。

d. 预试。在大规模调查之前先作小规模的调查，以找出问卷的缺点。

e. 编制预算。

②资料搜集。应重视资料的搜集。确定实地调查的访问员、观察员或实验人员，保证资料搜集按计划实行。

（3）分析阶段。

①整理表格及分析。

a. 整理直接资料。将矛盾、可疑或不正确的部分剔除，统一数量单位，并适当分类以供列表。

b. 编表。

c. 统计分析。

②建议。根据分析的结果，并与现状综合研究，提出具体策略建议。

3. 常用的调查方式和方法

（1）方式。在调查研究中，主要采用普遍调查与抽样调查两种方式。

①普遍调查。普遍调查是指对全部对象加以调查。这种方式能获得较全面、完整的资料，但花费的人力、物力和时间都比较多，通常不采用。

②抽样调查。抽样调查是选取部分对象进行调查，并以此调查结果代表全体调查对象。抽样调查省时省力省钱，又可确保资料的准确性，最大限度地减少损失，因此，在实际运作上多采用此种方式。抽样调查根据操作的方式不同，可分为随机抽样和非随机抽样两种。

a. 随机抽样。随机抽样又称概率抽样，即不依个人主观愿望或判断，总体中每一个个体均具有相同的地位，采取随机方式抽样，各样本中选机会都是均等的。随机抽样又分简单随机抽样、分层随机抽样和集群抽样等。

b. 非随机抽样。非随机抽样也称非概率抽样，它是根据研究者的主观意志来选取调查对象，以此来判断对事物的认识。非随机抽样又分便利抽样、配额抽样、判断抽样等。

（2）方法。调查的方式确定之后，还要根据调查对象和内容，选择调查方法。常用的调查方法如下：

①观察法。观察法即直接观察调查对象，也就是由调查人员或用仪器进行现场实地考察的方法。它是在被调查对象不知不觉的情况下进行的，所得的资料较为客观。

②访问法。访问法又分人员访问法、电话访问法两种。

a. 人员访问法。调查人员直接面对被调查对象，当面访问收集资料。此法可依访问人数的多寡分为个人访问和小组访问。通常配合开放题型问卷。

b. 电话访问法。调查者在电话号码簿上随机选择一定的用户，打电话进行问卷访问。

③问卷法。问卷法就是根据调查的内容设计一系列问题，并编制成表格，即调查表，通过反馈后的统计数字，进行归纳、分析研究，然后将其结果写成调查报告。问卷法又可分如下三种：

a. 结构型问卷。结构型问卷又称封闭型问卷。这种问卷是根据调查者的需要，列出数项问题，并同时提供几个答案，被调查者只需在答案格内打“√”即可。这种问卷回收率较高，是较普遍采用的方式。

b. 无结构型问卷。无结构型问卷又称开放型问卷。这种问卷不提供选项或答案，需要被调查者对每一项问题作出文字说明。这种问卷费时、麻烦，回收率较低。

c. 半结构型问卷。半结构型问卷即结构型问卷与无结构型问卷的综合运用。也就是一部分问题，提供选项或答案；一部分需作文字说明。

④实验法。通常是指把对象置于一定条件下进行实验的一种方法。也就是从影响调查问题的众多因素中挑选一两个因素，先进行小规模的试验，经实际反应测试后，寻找最佳组合。

⑤展示会法。将产品展示出来，让消费者亲身参与体验，并回答有关产品问题，例如各种产品展示会等。

⑥资料收集法。资料收集法即从报纸杂志、会议资料、简报所登载的信息、科研成果、商情、经济信息中采集资料，再进行分析、比较和研究后得出结论。

三、调查报告的结构与写法

调查报告由标题、署名、正文、成文日期和附录五部分组成。

1. 标题

标题要根据调查的内容、范围、结论和主题的表达而拟定，一般要求文题相符、精练简洁、新颖醒目、富有吸引力。一般有三种写法。

（1）公文式。一般由调查单位（调查区域）、调查内容和文种组成，如《广州市2001年家庭汽车消费调查》。

（2）新闻式。新闻式标题比公文式标题显得活泼醒目。或直接点明报告的主要内容，或阐明作者的观点、看法，或对事物作出鲜明的判断、评价，或提出问题。如《×××市房地产市场趋于活跃》《中国家电业寻求全球市场机会》《今年的家电市场为什么红火?》等。

（3）双标题。它由正副标题组成。一般正标题揭示报告的主题；副标题交代调查对象或调查范围等，如《在改革中腾飞——×××制药厂调查》。

2. **署名**

在标题下面一行中间或偏右处表明调查单位（组织）名称或调查人姓名。

3. **正文**

正文一般包括前言、主体和结语三部分。

（1）前言。前言即正文的开头部分。它类似新闻的导语，写法根据内容和目的而定。常见的写法有：

①叙述法。写明调查的主体、时间、地点、对象和范围。如：

本中心近日受××公司的委托，对××市的居民汽车消费需求进行了抽样调查。此次调查的对象为有固定收入的家庭，有效样本数为12 000个。

②破题法。先交代调查的目的或动机，再叙述原委。如：

为了帮助家电生产企业有效地开拓北京地区农村家电市场，由国务院发展研究中心、北京中企市场研究中心等单位组成的中国农村家电市场联合调研课题组于1999年下半年对北京延庆县农村居民家庭的生活环境、农民经济收入、家电普及状况、市场容量、消费心理、需求特点、产品与品牌竞争力等方面作了专项调研。

③倒悬法。先介绍调查的结论，然后逐步论证。如：

中国家电业近年来对开拓国际市场投入了越来越大的精力，尤其是成功地加入了世贸以后，中国家电业必将更加积极主动地进行跨国营销，争夺国际市场。

④设问法。提出人们所关心的问题，引导读者进入正题。这种方法常常先简要地介绍一下背景，然后设问，如本部分例文的开头。

（2）主体。主体部分是报告的核心。这部分着重通过调查获得的资料、数据，分析说明被调查对象的发生、发展和变化的情况，包括调查的结果及存在的问题，提出具体的意见或建议。具体分两部分内容。

①调查发现。一般情况是先对调查数据资料及背景材料作客观的介绍说明，然后再分析阐述对情况的看法。也可以先阐述对情况的看法，然后再介绍、说明、分析调查的具体情况。调查发现应作有组织、有系统的整理陈述，而不是只罗列出一大堆数字、图表。图表要简化，以便于阅读，较复杂的图表则可考虑附录于后。

②建议。视需要而定。有时调查机构或人员不被赋予提供建议的责任。

主体部分的内容安排的方式是多种多样的，但概括起来大致有两种。

a. 纵式结构。纵式结构即根据事物发展的脉络，按次序先后叙述事情的来龙去脉，阐明观点，层层分析说明问题。这种结构方式，体现了事物发展的阶段性，层次清楚，重点突出，有助于读者对事物发展的来龙去脉进行深入全面的了解。这种方式其外在的形式是全文贯通，分段表达。

b. 横式结构。横式结构即根据内容的特点和矛盾的不同性质，按几条重要的经验或规律安排层次，或者按照事物的逻辑关系进行分类和归纳，把主体分成几个部分，然后把材料横排起来，逐一叙述、说明、分析。这种方式其外在的形式或是小标题式，或是分条列项式。

（3）结语。结语又称结尾。或总结全文，深化主题；或补充说明正文中尚未提及的重要情况、问题；或提出新问题，指出努力的方向等。当然也有的调查报告没有结束语，其有无要根据内容的需要而定。

4. 成文日期

如果要标明成文日期，应写在正文的右下方。

5. 附录

附录包括复杂的表格、统计分析过程、辅助文件、问卷格式、方法的详细说明、对访员的要求以及参考书目与资料等。

四、调查报告的写作要求

1. 深入调查，掌握丰富而翔实的材料

能否通过深入细致的调查研究掌握第一手资料，能否搜集大量的相关资料以使视野开阔，这直接影响调查报告的质量。同样，材料是否翔实、是否清晰也影响结论是否可信。所以作为充分体现可信性和可操作性的实用文书，调查报告所引用材料的丰富、翔实至关重要，不可轻视。

2. 认真分析材料、提炼正确的观点

调查报告不是材料的简单堆砌或罗列，必须将所调查的资料进行整理、筛选，做一番去伪存真、去粗取精的工作。然后对材料作一番“由此及彼，由表及里”的分析、归纳、概括，从而得出结论。

3. 实事求是，防止先入为主

调查不要掺入个人好恶，不作主观臆测，更不能先入为主，要从实际出发，尊重客观事实，实事求是地从事实中发现问题，然后带着现实问题，有组织、有目的地进行科学的调查研究，这样才能够保证报告的情况真实、可靠，成为决策的重要依据。

4. 夹叙夹议

调查报告不仅要报告调查所得到的材料，而且要通过对材料的深入细致的分析，得出科学的结论。所以必须叙议结合。只叙不议，那是现象的罗列；只议不叙，那只是空论。科学的结论来自于对具体情况的深入分析。

五、例文分析

［例文］

七城市居民家庭怎样理财

海力

家庭理财对于中国城市居民特别是大城市居民来说，已不是一个陌生的概念。这一概念流行的背后是人们可自由支配收入的不断增长和金融市场化程度的逐渐提高。有人称，中国已进入大众投资时代。

那么，今日中国大城市居民家庭究竟是如何选择各种理财方式的呢？北京××市场调查有限公司前不久受中国××银行总行储蓄部的委托，在北京、上海、广州、武汉、重庆、西安和沈阳等七城市范围内进行了一项题为《中国××银行储蓄服务》的入户抽样调查，其中有关居民理财风格的调查，在一定程度上回答了这一问题。

上海家庭理财手段最多

七城市调查结果表明，在去掉基本的生活费开支后，居民家庭可自由支配的月平均收入为874元。平均而言，每个居民家庭有2～3种理财方式，大大突破了过去银行储蓄“一枝独秀”的格局。

理财多元化程度最高的是上海人，其平均有2～9种的理财方式，而且拥有5种以上（含5种）理财方式的家庭比例最高，为7.8%。理财方式多元化最低的是武汉人和沈阳人，这两个城市的家庭平均理财种类不超过两种，低于总体平均水平。

存款占据六成份额

尽管可自由支配的收入的蛋糕越做越大，各种理财方式从这块蛋糕上所切的份额却大不相同。调查显示，银行储蓄、股票、国库券、保险、其他债券等理财方式，在居民家庭中具有不同的“财政”地位。

七城市中，99%的家庭在银行有存款，储蓄额在家庭金融资产中所占的比例为64%，居优势地位。

七城市几乎家家都有存款，不同的城市居民家庭存款在家庭金融资产中所占的比例却不尽相同。存款所占比例最高的是沈阳，为75%；最低的是上海，为53%。城市之间的差别，反映的是各地金融市场的活跃程度以及人们金融投资观念和投资技巧的差异。在金融市场比较活跃、居民投资知识丰富的地区，如上海，金融资产分流的趋势比较明显，居民银行储蓄比例相对于其他城市比较低；而在金融市场不够发达和活跃的其他城市，尤其是沈阳，金融资产仍然集中在传统的渠道，居民银行储蓄比例相对较高。

半数以上家庭青睐国库券

1995年开始，我国的国库券由发行方式单一、券种单一的形式，进入市场化发行交易形式。众多的券种、不同的发行期、忽高忽低的利率，使老百姓对国库券的高流动、高效益和低风险有所认识，国库券也由过去的“爱国券”形象变为“金边债券”。

调查结果显示，国库券已经深入到城市居民家庭，成为城市居民家庭理财的重要组成部分。在七城市中，57%的家庭拥有数额不等的国库券。上海人拥有国库券的比例最高，武汉人拥有的国库券比例最低，两者相差30多个百分点。

四分之一的家庭有股票

去年以来，国家取消了保值储蓄及降低存款利率政策出台以后，对各地居民的储蓄和投资行为产生了较大的影响，而股票以其遍及全国的迅速增长值传说吸引了老百姓的眼光。

本次调查结果表明，七城市有将近四分之一（24%）的居民家庭拥有股票。

上海家庭拥有的比例高达40%，大大高于其他城市。广州紧邻另一个股市中心——深圳，又是我国改革开放起步较早的城市之一，家庭拥有股票的比例仅次于上海。作为首都的北京只有11%的居民家庭持股。

四分之一的家庭买保险

保险是1996年我国经济改革力度最大、最活跃的市场，当年相继有8家全国性和2家区域性股份公司宣布正式开业，各种国有、合资和外资保险公司数目达到20多家。保险的观念正在为越来越多的城市居民所熟悉。在七个城市中，26%的居民家庭已经拥有不同类别的保险。

上海再一次显示出家庭金融资产多元化的特点，41%的居民家庭拥有保险，位于七城市之首，广州和西安其次，北京和重庆第三，而武汉与沈阳则明显低于平均水平，处于最后。

【简析】

这是一份市场调查报告。通过对七城市居民家庭理财方式的抽样调查，反映了城市居民家庭随着经济收入的增长，理财方式发生了巨大变化，显示出家庭金融资产多元化的特征，从而揭示了家庭金融资产分流的趋势。这为银行在金融市场的竞争中，如何经营决策，提供了较为可靠的依据。因此，有极强的现实针对性和目的性。

这份报告，采取了新闻式的标题，既揭示了全文主旨，又很醒目。前言采取了设问法，交代了调查的背景、意义、时间、地点、对象、目的和方法，提出问题。主体部分采用了横式结构，即分列了五个小标题，一一回答了前言中提出的问题。

全文以调查结果为依据，运用了数据、比较的分析方法，夹叙夹议，内容充实，结构完整，条理清晰。

思考与练习

1. 什么是调查报告？按性质内容分都有哪几种？
2. 调查报告有哪些特点？
3. 在写调查报告时，要注意哪些问题？
4. 设计一份有关大学生消费情况的调查问卷（半结构型），据此，写一篇1 000字左右的调查报告。

第五节　会议记录

会议记录是在会议过程中由专门记录人员把会议情况和会议内容如实地记录下来而形成的书面材料，是会议原始的、全面的记录，反映了会议的议题和内容，是重要的文书档案。

会议记录有“记”和“录”之分，“记”又有详记和略记之别。略记是记会议上重要或主要的言论，详记则要求记录的项目必须完备，记录的言论必须详细完整。但是，即使是详记也不可能、亦没必要详细到把会议上的某一场景、某种气氛、发言者通过语音语速等技巧所表达的思想等内容完全记录下来。如需要保留上述内容，则要借助于“录”。“录”有笔录、音录、影像录等形式，对会议记录而言，音录、影像录通常只是手段，最终还要将录下的内容还原为文字。同时，笔录也往往要借助音录和影像录，以便能最大限度地再现会议情景和过程。

一、会议记录的作用

会议记录在现实工作和实践当中有着重要的作用。首先，会议记录是会议主体形成会议简报、会议纪要，传达会议精神，汇报会议情况及形成专题文章的可靠依据，是传达、执行会议决定和研究、总结工作的重要参考资料；其次，会议记录作为有关会议信息的原始载体，不仅直接提供了会议的有关材料，向人们展示会议对有关问题的研究过程，而且可以唤起与会者对有关问题的回忆，帮助弄清有关问题；再次，会议记录由于记录着特定事件的发生、发展过程，为追溯历史事件提供了重要的线索，因此，可以作为史料长期保存，为历史研究提供可靠的资料。

二、会议记录的特点

1. 原始性

会议记录是会议讲话、发言等情况的现场记录，一些特别重大的会议可借助录音、录像等手段先作同步实录，然后再进行整理，但也应该以忠实会议原貌为准则，而不能作随意的加工和调整。因此，具有高度的原始性特点。

2. 资料性

会议记录的资料性，是会议记录具有依据作用和存查价值的保证，也是会议记录成为重要档案资料的必备条件。随着时间的推移、工作的进展、重大问题的发生，人们往往需要回顾、查核某次会议的情况、内容，以便再次明确认识，或寻找资料、或核实情况、或追究责任，这时，原始的会议记录就显得格外重要。

3. 保密性

会议记录属于单位内部事务文书，对于非本单位的外部人员具有保密性，尤其是涉及重大人事变动、占有市场的经济决策，以及关于职工群众生活利益等重要问题的会议记录，其保密性更具有举足轻重的意义。因此，除要求与会人员严格遵守国家保密制度外，还要求会议记录者妥善保管好会议记录材料，谨防遗失泄密。

三、会议记录的种类

从会议记录所反映的情况和内容的详略程度来看，会议记录主要有以下三种形式。

1. 详细记录

详细记录是指把会议的整个过程及每个与会者的发言都如实记录下来的会议

记录。它要求有言必录，包括发言中的插话等，都要详细记录。这种会议记录一般用于重大会议的记录。

2. 摘要记录

这是一般会议的记录方法，只要求记录发言的要点和重要内容，与议题无关的话可略去不记。

3. 简易记录

这是指经常性的例会或基层一般会议的记录方法。这类会议往往是磋商某项工作，你一言我一语，无须有言必录，只需记录一些有代表性或结论性的意见即可。

四、会议记录的写作

会议记录的结构，一般由会议基本情况、会议内容、会议结束三个部分组成。

1. 会议基本情况

主要内容包括：

（1）会议标题。

标题位于页首笺头分隔线下居中位置，是日后查找利用会议记录的重要依据。一般会议标题的写法有三种：

①由会议名称加“记录”二字组成标题。如《××股份有限公司第二次股东大会记录》。

②由会议内容加“记录”二字组成标题。如《关于进一步做好长江三峡库区移民安置工作的会议记录》。

③直接以文种为标题。如“会议记录”。

（2）会议时间。写清会议从开始到结束的具体时间，包括年、月、日，必要时可精确到分。

（3）会议地点。除写明会议的所在地之外，还应写清楚会议的具体场所，如开会的具体房间或会议室等。

（4）出席情况（包括缺席、列席情况）。一般会议只需由记录人员写出参加会议人员的姓名，或写清与会人员的范围即可。如“全体教职工”“科局级以上全体党员干部”等。重要会议则往往要求出席人亲笔签名。如果是例会，可只写缺席人的姓名，注明其他人员都到会。人数多的会议，可只写到会人数。另外，如果不是会议成员，却因工作需要而列席会议的人员，可由列席人在有关栏目亲笔签到，特邀的列席人，还应详细记录其职位。

（5）会议主席或主持人。会议主席或主持人是会议进程的主持者。一般直书姓名，如有职衔，应冠写于姓名前。如“××局局长×××”。

（6）会议记录人。应在有关栏目亲笔签上姓名，如有多个记录员，则每个记录员都应签上姓名。

（7）会议主题。会议主题是指会议要解决或讨论的问题，如会议的议题不止一项，则应分条列出。

为方便记录，上述会议基本情况的有关内容通常安排在会议记录专用笺首页上，各项目事先已印制好，会议记录人只需根据会议情况如实填写就行。例如：

××市教育局会议记录专用笺（红字）

编号：

时间：（　　年　　月　　日　　时　　分）
地点：
出席：
列席：
缺席：
主持：
记录：
议题：

2．会议内容

这是会议记录的主体部分，主要包括会议主持人开场白、会议主题报告、讨论发言及会议决议四个部分的内容。

（1）主持人开场白。这是会议进行的指挥棒，也是了解会议意图的主要依据，应着重记录。

（2）主题报告。这是会议的核心，应如实记录发言人的发言内容。如果发言人有发言稿，则可以在会议记录中记下发言题目，注明“原文见附件”。

（3）讨论发言。这一部分应按发言顺序将每个人的发言内容记录下来，记录时先写发言人姓名，然后记录发言内容。姓名应记录全名，而不能只写姓或名，也不宜用职务代替姓名，如“局长”“书记”等。发言内容可根据实际情况作详记或略记。

（4）会议决议。这是会议最后所作的决定，一般是经过会议充分讨论之后，由会议主持人或会议机构加以归纳而成。记录时须如实记录，不许随意增删。决议内容较多时，可将其分条列出。记录表决结果，如无异议，写上“一致同意”或“一致通过”等字样；如有异议，则须详细记录不同意见和异议的情况，如同意的人数、反对的人数、弃权的人数等内容。暂时议而未决的事项，应注明“暂不决议”“推迟决议”等字样，用以交代本次会议的结果。

3. 会议结束

会议记录的结束部分包括结束语和审阅签名两项内容。

（1）结束语。在会议结束，会议进行情况记录完毕之后，另起一行空两格写上“散会”，如中途休会，则写上“休会”，并注明时间。

（2）审阅签名。会议记录结束，经会议记录员过目或稍作文字整理和补充后，在全文结束处的右下方签上记录员的姓名，然后交会议主持人过目，签上主持人姓名。签名前如有疑问，或有与会者对某记录内容提出疑问，应就疑问处向与会的有关人员征询，待疑义消除之后，主持人再签名。

如需转发的会议讲话，应该在记录稿整理完毕之后送讲话人审阅。因故未能请讲话人审阅的，应注明“根据记录整理，未经讲话人审阅”的字样。

五、会议记录的要求

1. 速度快

这是记好会议记录最基本的要求，特别是详细记录，不能漏记少记，速度就是基础。除了要求记录人在会议上要聚精会神，手脑并用，边听边记，提高记录速度外，适当地使用简化符号、简称、缩写、省略等辅助手段对提高记录效率也是十分必要的。

2. 真实、准确

会议记录是否真实准确，直接关系到会后的传达贯彻，重要的会议记录影响更大。因此，确保真实准确是会议记录的必然要求。具体要求如下：

（1）准确。准确就是不添加，不遗漏，依时而记，自然能够达到准确的境地。但是，记录者并不能保证每句话、每个字都听清楚，都记下。如有遗漏则要添加，添加时记录者不能想当然地凭自己的主观猜想而随意添加，以免记录稿失真。应在对遗漏的内容进行了认真核对、证实之后，再予以补充。此外，由于口头语言具有随意、松散、重复的特点，在将其整理成书面语言的时候，必要的语序调整、词语删改是不可避免的。此时，记录者应特别注意保证调整、删改后的语言和发言人原意的一致性。

（2）清楚。首先书写要清楚。采用了速记技巧的，应在现场记录结束后，及时把简称、拆码、代用符号和转换的语码还原为规范的词语表达。在还原、誊写时要采用规范的简化汉字。其次记录要有条理。尤其是采用略记的，更要条理清楚，保证在会后较长的时间内，不致因记录稿的条理不清而引起对发言者有关言论理解上的偏差。这要求记录者有较好的概括能力和安排记录稿结构的技巧。

（3）突出重点。要保证记录的准确清楚，就要突出记录的重点。遗漏了重点，必然导致记录的不准确、不清楚。会议记录应突出的重点主要有以下几个方面。

①会议中心议题以及围绕中心议题展开的有关活动。

②会议讨论、争论的焦点及其各方的主要见解。

③权威人士或代表人物的发言。

④会议开始时的定调性言论和结束前的总结性言论。

⑤会议议决的或议而未决的事项。

⑥对会议产生较大影响的其他言论或活动。

六、例文分析

［**例文一**］

××学校教职工大会会议记录

时间：2001年4月9日下午4：30

地点：学校会议室

出席：全体教职工

缺席：见各部门考勤表

主持：×××书记

记录：×××

内容：

1. 陈××校长讲话。

（1）关于巡值制度的问题。

学校治安环境有所改观，但仍有大量的工作需要去做，强调：加强校门口、校道、操场、宿舍的巡查，不能只依赖某个部门去做工作。

（2）关于招生的问题。

初中生升高中，今年的情况与往年不同，上级只批准我校可以提前录取。

（3）关于招生开放日的问题。

定于5月13日，到时召集个别教师或行政人员回学校，一定要确保这项工作的顺利进行。

(4) 今年暑假准备召开德育研讨会。

学校拟在放暑假时，召开德育工作研讨会，参加人员包括任课教师、班主任、中层以上干部和个别行政人员，到时以书面通知为准。

2. 办公室主任黄××就一些新的政策问题的讲话。

(1) 关于调资问题。上星期五开会定下来，调整工资的人员仅限于2001年1月1日在册的正式工作人员。实施的有关文件4个，符合我校情况的只有2个。

(2) 从2001年起执行发放奖励工资的规定，将每年3个月的奖励工资额平均打入12个月内。

(3) 根据市人民政府〔2001〕18号文件规定，取消公费医疗个人自费医疗保护线的规定，从2001年1月1日起执行。

(4) 关于普通话水平测试的问题。

经学校方面的努力，市语委办已同意在我校设考点，并联系好了教师来我校授课，时间定在4月25日下午2时到6时，26日下午2时到6时。考试时间定在5月18日。考务费每人100元，并交小1寸相片1张用于办证。

3. 进行法制教育。

继续进行揭批"××"的系列活动。全体教师观看学习教育片。

散会。

主持人：×××书记（签名）
记录员：×××（签名）

【简析】

这是一份摘要式会议记录，对发言者的发言要点和有关会议的重要内容进行了记录，而没有就会议的整个过程进行记录。作为一份日常工作会议的记录，该会议记录既真实准确地反映了会议的有关内容，又要言不繁，是一篇格式完整、简练精当的摘要式会议记录。

［例文二］

××国税分局办公会议记录

会议时间：2005年××月××日下午×时

会议地点：分局三楼会议室

参加人员：张××（党委书记）、吴×（局长）、王××（纪委书记）、杨×

（办公室主任）、李×（征税科科长）、洪×（征税科副科长）、刘×（监察室主任）

列席人：徐××（税务员）、高×（税务员）

会议主持人：吴×（局长）

记录人：张×

主要议题：关于××村服装加工户抗税案件的处理

吴×：我们这次会议，主要研究今天发生的××村服装加工户抗税事件的处理问题。先请徐××、高×介绍一下当时的情况和事件的经过。

徐××：今天上午九点，我和高×骑自行车来到××村，对该村部分服装加工户征收增值税。我们刚进刘××家的院子，对正在加工服装的刘××说明来意，刘××就恶狠狠地说："没钱！"我们正准备继续做刘××的工作，刘××却一脚踢翻了身边的一张椅子，就势躺倒在地上大喊："出人命啦，收税的打人啦！"不大一会儿，从外面涌进20多个人，这些人不容我们开口，一边对我们推推搡搡，一边大声责问我们为什么打人。领头的张××还喊叫着要把我们捆到乡里去。一边喊叫一边使劲抢高×手中拿的那个装着税票的皮包。我们在刘××的院子里被围攻了整整两个小时，后来一个乡干部赶来，我们才脱了身。

高×：我认为这事是有预谋的。刘××刚躺倒在地，他妻子就跑到街上大喊大叫，不到五分钟就围了一院子的人。这次带头围攻的刘××和张××，上个月收税时就赖着不缴，后来是请乡政府的人帮助才收上来的。所以，今天这事很可能是他们预谋好的。

王××：事发后，我和两位同志吃完午饭赶到××村去调查此事。刚一进村，也被围住了。喊叫着说我们所里的徐××和高×打了刘××，根本不让我们开口。看那阵势，他们还想闹事。为了防止事态的恶化，我们就回来了。我同意高×的看法，这件事是有预谋的，属抗税行为。

李×：刘××等人上个月虽没闹起来，但抵触情绪很大，本月还是闹起来了。像这种明目张胆抗税的事不治一治，我们的税收工作就很难开展。

杨×：听说附近几个村都已知道这件事，影响很坏。别的纳税人都看着我们。如果我们软了，刘××和张××还会变本加厉，还可能在该村和其他村发生类似的事件。

张××：我的意见是一方面做其他群众的思想工作，向他们讲清政策，稳定群众的情绪；另一方面要尽快将这一情况报告县局，请县局会同司法机关对那几个暴力抗税的人，采取强制措施。

吴×：别的同志还有没有不同的看法？没有，就按张书记的意见办吧。杨×要抓紧时间写一份报告，主要讲××村今天发生的情况和我们的意见。明天我到县局汇报。

散会。

主持人：吴×（签名）
记录人：张×（签名）

【简析】

这是一份较为详细的会议记录。对会议的基本情况、参加会议的主要人员的发言内容做了较详细的记录。格式规范，记录清楚，是日后形成报告、决议，制定相关的决策，进一步开展工作的重要依据。

[例文三]

座谈会议记录

××市召开了经济体制改革试点工作座谈会。七县市体改委（办）的负责同志，两个试点城市的负责同志，以及省委、省政府有关部门的负责同志共13人参加了会议。会上传达学习了中央领导同志最近的重要讲话，交流了试点城市改革的情况和经验，研究了在新形势下要积极推进城市经济体制改革进一步开展的工作。

参加人员：吴×等13人

会议主持人：吴×

吴×：今天请各位同志来参加座谈会，作为主持人，先将各位同志的情况介绍一下（逐一介绍姓名、单位、职称、职务）。我们开这个会的目的，就是要推进各市的经济改革，请各位发言，畅所欲言。会期一天，上午代表发言，中午去××饭店用餐，下午继续发言。下面请××县的杨主任发言，××县的毕××准备。

××县杨××：……

××县毕××：……

吴×：快中午了，不耽误大家吃饭，大家休息一会儿，准备吃饭。

……

与会同志一致表示，当前改革进入攻坚阶段，我们要坚定地贯彻党中央和国务院的部署，精心指导，搞好调查研究，把城市市场经济改革引向深入，为建立有中国特色的社会主义市场经济作出新贡献。

缺席人：蒋××

地点：市政府第一会议室

记录人：孙×

散会。

2005年××月××日

【简析】

这是一份存在着很多错误的会议记录。首先在格式上很不规范，作为一个比较重要的会议，标题应该标明会议名称，会议的缺席人、会议地点、记录人应作为会议基本组织情况的内容放在开头部分。其次，在内容的记录上，这份会议记录的开头和结尾写成了会议纪要的形式。另外，这份会议记录还对一些与会议主题无关的内容作了记录，如："快中午了，不耽误大家吃饭，大家休息一会儿，准备吃饭。"

思考与练习

1. 会议记录和会议纪要有何不同？各自的侧重点在哪里？
2. 怎样才能做好会议记录？
3. 指出下面节录的会议记录的错误，并修改。

秦院长：大家伙嘛，说说看什么样的措施能有效地保证学生的健康？吴××，你是学生处处长，你这个呢，带个头发表你的意见吧。

李处长：我认为首先要让学生知道有关"非典"的病理知识，以及预防的办法，你们讲是不是？

韩处长：钟医生，你这个，看看是不是想办法加强食堂环境卫生？

第六节 述职报告

述职报告是国家公务员、专业技术人员及其他工作人员向主管部门、人事部门或广大群众对自己在一定时期内履行岗位职责过程中的思想政治、业务能力、工作实绩、问题和设想进行自我评述时使用的一种应用文书。

一、述职报告的特点

1. 内容的客观性

述职报告应具体、真实地反映述职人的工作情况，既要有定量分析，又要有定性分析。不能空话连篇，言之无物，更不能弄虚作假，胡编乱造。

2. 实绩的自鉴性

作述职报告时，须依据岗位职责和工作实绩，进行适当的自我评价、自我鉴定。

3. 表达的陈述性

述职报告以叙述为其主要的表达方式。诚恳、朴实地陈述自己的工作成绩、存在的问题或今后的设想是其重要的特点。

4. 行文的严肃性

撰写述职报告应严肃认真，语言应庄重得体，切不可马马虎虎，敷衍了事。

二、述职报告与报告、总结的区别

1. 述职报告与报告的区别

（1）目的不同。报告的目的是让上级机关掌握本机关工作的运行状态，为上级机关针对性地制定方针、政策或者作出相应决策提供依据；而述职报告的目的是为了在考核过程中让考核人员了解述职人在具体岗位上履行职责的情况。

（2）叙述工作情况的重点不同。报告是要针对本单位所做的工作及其完成情况进行书面陈述，以便让上级主管部门了解情况、制定措施；述职报告主要用于考核，所述的重点是述职人自己职务、职责的履行情况，是个人的工作情况、思想态度、业务能力的自我陈述，不可与单位报告混淆。

（3）内容繁简不同。相对而言，报告内容较为复杂；而述职报告的内容较为单一。

2. 述职报告与总结的区别

（1）总结是通过对前阶段某项工作、学习、生产、科研进行全面系统的回顾、分析、评价，找出经验和教训，引出规律性的东西，用于指导下一阶段的工作；而述职报告是用来评估、汇报自己的实绩等真实情况，不是为了交流工作经验，不需要总结规律性的东西。

（2）总结是为了更好地指导今后的工作；述职是为了如实地向领导汇报和展示自己履行职责的情况。

（3）总结在叙述某项工作成绩时往往要写出所采取的措施；而个人述职报告则侧重于说明个人所起的作用。

三、述职报告的写作

各种述职报告在写法上大体相同，一般都是由标题、称谓、正文、落款四部分组成。

1．标题

述职报告的标题有两种写法：一种是在报告首页第一行正中写上“述职报告”的字样；第二种是采用正副标题式，其中正标题概括报告主旨或主要内容，副标题写明何时任何职务的述职报告，如《求真务实，求精务深——2003 年任讲师职务的述职报告》。

2．称谓

如果是向主管部门或人事部门呈送的书面述职报告，要按公文的格式写明收文机关的名称，如“××人事处”等；如果是口头进行述职，应根据在场的具体对象运用称呼，如“各位领导”“同志们”等。

3．正文

具体叙述自己在职期间的工作情况和成绩，包括德（包括政治立场、思想觉悟、道德修养等）、能（包括政治水平、学术水平、业务能力等）、勤（包括工作态度、勤奋精神、出勤情况等）、绩（包括工作效果、主要成绩、客观评价等）等方面的情况。可按引言、主体、结语三个层次安排内容。

（1）引言。概述述职人的基本情况，如现任职务、任职时间、分管部门、岗位职责等，并总体评价在职尽职的情况，确立述职范围和基调。这一部分应写得简明扼要，主旨明确。

（2）主体。具体叙述任职期间的主要工作成绩和存在的问题，包括所做的主要工作、基本经验、体会、缺点和失误、教训等方面的内容。其中特别要注意写好以下几个方面的内容：

①对党和国家的路线方针政策、法纪法规以及上级指示的贯彻情况。

②个人岗位职责、工作计划或指标完成情况。

③决策能力在所担负的工作中发挥的作用和效果。

④写出存在的主要问题，并分析问题产生的原因，提出今后改进的意见和措施。

其中②③两点是述职报告的精华部分，要让事实说话；并且以概括本人履行工作职责的情况为主，以估价个人作用发挥的大小为主，突出本职工作特点。也就是要写清楚述职者在工作中出了哪些主意，采取了哪些措施，作出了哪些决策，解决了哪些实际问题，纠正了哪些偏差，做了哪些实际工作，取得了哪些业绩，尤其是在处理敏感、棘手问题方面，以及突发事件或重大事件方面，个人发挥了什么作用，这更能表现出个人的素质、才能、水平。

总之，主体部分要写得具体、充实、有理有据、条理清楚。由于这部分内容涉及面广，内容多，所以宜分条列项写出。

（3）结语。述职报告一般有较为固定的结束语，如“以上报告，请批评指正”“以上报告，请审核”等。

4. 落款

落款包括署名和日期两方面的内容。署名包括述职人的姓名和所在单位的名称，也可在姓名前冠以职务名称，可写在标题下一行中间。日期是指成文的具体时间或述职日期，写在结语的右下方。另外，如有附件，要写明附件的名称和件数。

四、述职报告的写作要求

1. 选好角度

述职报告和工作总结、工作报告有所不同，它重在叙述个人履行职责的情况，一般不与本单位、本部门的总体工作成绩和问题相混淆，要力求写出个人的工作实绩来。

2. 实事求是

写述职报告时，要处理好成绩和问题之间的关系，写成绩要恰如其分，符合实际；谈问题要抓住要害，直截了当。同时，还应处理好个人与集体的关系，做到既不因夸大个人的作用而否定集体的作用，也不因过于强调集体的作用而掩盖了个人的作用。总之，写述职报告，应采取实事求是的态度，无论是工作成绩和经验，还是问题和失误，都应写得有根有据，充实具体。

3. 突出重点

在具体工作中，事情往往千头万绪，处理和解决过的问题也很多，写述职报告时不可能一一兼顾。述职报告要选择那些最重要、最主要、足以充分显示成绩和水平的材料进行叙述，不能面面俱到，主次不分。同时，要突出自己的岗位特点，写出自己的个性和特色，以增强表达效果。

五、例文分析

［例文一］

求真务实求精务深

——2003年任讲师职务的述职报告

基础教研室苗×

各位领导、各位同志：

本年度我继续受聘讲师职务，在担任语文、书法及社交口语等课程教学的同时，还负责文化教研室的行政、教学管理和校刊的编辑工作。工作中，自己努力学习邓小平建设中国特色社会主义理论和教育思想，认真贯彻党的路线、方针和政策，严格履行岗位职责，恪守良好的职业道德，教书育人，尽职尽责，求真务实，求精务深，较为圆满地完成了各项工作任务。下面，向领导和同志们具体汇报一年来履行讲师职责的情况。

一、做好教学的常规性工作，培养学生良好的语文学习习惯

……

二、改进教学方法，提高课堂教学效率

……

三、开展第二课堂活动，培养学生的实践能力

……

四、发挥语文课的德育功能，在教书中育人，在育人中教书

……

五、以教带研，以研促教，不断提高自身素质

……

以上报告，请领导和同志们批评指正。

2004年××月××日

【简析】

这是一篇采用口头形式宣读的综合性年度述职报告。它从讲师岗位职责的要求出发，紧密结合个人的教学工作实际，陈述一年来履行岗位职责的情况。其正文主体部分既实事求是地叙述了工作成绩，又客观具体地说明了存在的问题，同时也概括地介绍了自己今后工作的设想。

全文主旨明确，材料充实，重点突出，个性鲜明，结构完整，语言得体，是

一篇较好的述职报告。

[**例文二**]

2001 年述职报告

市委组织部：

我在市农牧委主要分管农牧业生产的综合协调和政策调研室工作（在机关内分管综合、调研两个科室）。这方面工作的职责范围，一是负责联系和衔接农口各局的工作，综合掌握全市农牧业生产的运营情况，协调解决生产中出现的问题；二是负责宣传贯彻上级党委、政府有关农村牧区经济工作的方针、政策和法律、法规，参与制定我市农牧业发展的规划、计划和有关政策，并监督检查其执行情况；三是负责对农村牧区改革和经济发展有关问题进行调查研究，提出解决的对策和措施，为领导宏观决策搞好服务；四是参与组织、筹备市政府有关农牧业方面的会议，起草、拟定有关农牧业方面的文件和领导讲话；五是负责领导交办的其他工作。这些工作概括起来，就是汇总情况、协调生产、承办会议、起草文件，为市政府分管农牧业的领导搞好服务。

一年来，在领导和同志们的支持、帮助下，自己坚持以党中央、国务院制定的农业政策为指导，严格按党员干部标准要求自己，认真履行工作职责，积极调动有关科室的同志一道开展工作，较好地完成了自己所分管的工作任务。现将有关情况报告如下：

一、及时汇总和掌握全市农牧业生产情况，积极向有关领导和部门提出生产及工作建议

……

二、认真贯彻落实上级党委、政府和我市关于扶持农牧业发展、保护农牧民利益的各项政策

……

三、组织开展调查研究，为领导正确指导生产和科学决策提供服务

……

今后，在履行自己的职责中，要进一步加强学习，特别是要认真学习建设有中国特色的社会主义理论，学习社会主义市场经济的有关知识，不断提高自己的思想水平、政策水平和业务素质；要进一步加强农情信息的调查研究工作，抓紧健全市、县、乡、村四级农情信息网络，搞好对农村牧区经济重点问题的调查研究和在基层的调研联系点的建设，充分发挥农情统计和调查研究在指导生产和科学决策中的重要作用；要进一步加强对农牧业生产和农村牧区经济工作的组织、

协调和指导，为领导当好参谋，为部门搞好服务，为基层干部群众多办实事。

以上报告，请审核。

述职人：×××

2002年××月××日

【简析】

这是一篇书面形式的年度述职报告。其正文部分先概述述职者的工作职责范围，接着具体叙述一年来履行职责所取得的成绩和存在的问题以及今后工作中的打算，最后是结语。全文主旨明确，材料具体，结构完整，条理清晰，详略得当，语言得体。

思考与练习

1. 什么是述职报告？其主要特点有哪些？
2. 述职报告有哪些具体的写作要求？
3. 阅读下面这篇述职报告，指出它存在的问题，并提出修改意见。

总结述职报告

×××局长：

我是心怀对我们企业的深厚感情而工作的。这种感情来自公司对我的培养，来自全体员工对我的信任和支持。我深知带领公司全体员工促进企业持续长远发展，振兴壮大企业，增加员工收入的责任重大。因此，我一直为此而努力工作着。现在，我向领导述职，请予以审议。

一、履行职责情况

1. 认真学习贯彻“三个代表”重要思想及党的十六届三中全会精神，在实际工作中深刻领会党中央确定的各项工作方针的深刻内涵和新时期加强两个“务必”的重大意义，以及“八个坚持、八个反对”的精神实质，把思想和行动统一到党中央的路线、方针、政策上来，创新发展。

2. 注重企业文化建设，提倡“诚信、情感、责任、程序”八字管理理念，主张“以人为本，守法诚信”，引导广大职工“以企为家，共同发展”。人是生产力中最活跃的因素，是企业振兴发展的源泉和动力，只有公司全体员工把聪明才智充分发挥出来，并应用到公司管理与生产经营中去，公司才能发展；只有公司提供宽松敞亮的舞台，员工的人生价值才能得以施展和实现。因此，我们要依靠员工促进企业发展，就要培育先进的企业文化。

3．加强民主管理，以真诚和友谊建立良好的同事关系和社会关系，风雨同舟。一是从职工关心的“热点”“难点”“疑点”入手，深入实际地解决好公司经营管理与改革发展等重大问题，做好领导干部廉洁自律及有关职工切身利益方面的工作。二是注意维护公司领导班子团结。大厦之成，非一木之材；大海之润，非一流之归。我与班子成员做到目标一致，职责互补，荣誉共享，集思广益，改进工作，促进发展。

4．不急功近利，从长远着眼，坚持理论联系实际，扎实开展管理调研工作。作为公司总经理，不但要具备这个岗位所需要的一切素质，还要把握各方面的信息，保持对事物发展规律的敏锐感觉，使思想观念与时俱进，把理论知识、市场规律与企业管理实际相结合，才能领导公司且不被激烈的市场竞争所淘汰。因此，我充分运用国家政策、法规，依法开展财务监督、审计监督、质量监督和效能监察，把长期工作与短期的具体工作相结合。

5．始终把思想作风建设摆在第一位。自担任公司总经理以来，我不断提升思想素质、开阔视野、充电扩能。我坚决贯彻执行党和国家政策法规及上级的指示决定，做到了敬业勤政，关心群众疾苦。

二、存在的问题和今后努力的方向

总结我个人的工作，离上级的要求与企业发展还有一定的差距。其表现在政治理论不够丰富；表现在企业管理、项目管理与市场规律不相符；表现在我们的企业管理行为、员工个人行为与企业经营管理理念之间存在很大的差距；还表现在企业改革滞后。

今后我将加强学习，广泛采纳大家的建议，为公司夺取更加辉煌的业绩而努力奋斗。

以上述职请领导审议。

第七节　请柬和邀请函

请柬和邀请函都是人们在日常生活中经常使用的社交礼仪文书，是用来邀约受文对象参加某项活动的告知性文书。同时，两者无论在具体写作方法还是适用范围上，都有自己的特点。本节主要介绍请柬和邀请函的含义、特点和写作方法，以求写出内容准确、条理清楚、格式规范的请柬和邀请函。

一、请柬

请柬，也叫请帖、柬帖，是机关、团体或个人邀请有关人员参加会议、庆典或某些重要活动时发出的礼仪性专用文书。请柬在公共事务和私人事务中都是最为庄重、礼貌又简便的交往方式，在沟通信息、联络感情方面起到了不可低估的作用。它既有通知、邀请的作用，同时又可以作为入场和报道的凭证来使用。

1. 请柬的种类

根据请柬内容的不同，我们可以把请柬分为会务请柬、宴会请柬、庆典请柬等。

2. 请柬的写作

请柬一般由封面和封里两部分组成。

（1）封面。封面有横式和竖式两种，无论是哪一种形式，都须写明“请柬”或“请帖”二字。竖式的文字从右向左竖写，横式的文字从左向右横写。请柬的封面一般都要作些艺术加工，“请柬”二字多用美术体、手写体，且多用烫金，并配以各种喜庆、吉祥的装饰图案。

（2）封里。

①内容构成。封里的内容一般由称呼、正文、结束语、落款等几部分组成，有时还有附言。其书写方式和封面相对应，如果封面是横式的，则封里的文字从左到右横写；如果封面是竖式的，则封里的文字从右往左竖写。

a. 称呼。第一行顶格写上被邀请人的姓名和称谓。也有把被邀请人写在请柬的结束语之后，一般是在结束语写完之后，另起一行空两格写上“此致”，再另起一行顶格写上被邀请人的称谓。

b. 正文。从称呼的下一行空两格起，写上邀请事由，如会议、典礼、仪式、婚宴、寿宴等，同时要写清楚举行这些活动的具体时间、详细地点、活动内容。如需客人携带、准备什么的话，还应明确交代。

c. 结束语。正文之后，紧接着写上“敬请光临”等结束语，以示礼貌。也可以另起一行空两格写上“敬请”，再另起一行顶格写上“光临”等字样。

d. 落款。落款包括署名和日期。

在结束语的右下方写上邀请人的名称。如果是单位，要写明单位的名称并加盖公章；如果是个人，则写明姓名。结婚请柬，如果新郎新娘是直接的邀请人，还应并排写上新婚夫妇两人的名字，并在姓名后加上“鞠躬”等习惯用语，以示尊敬。日期在署名的下边，另起一行写上请柬发出的年、月、日。

e. 附言。如果是邀请客人观看文艺节目等需要附送电影票、舞会入场券，要在落款之后另起一行空两格写上“附××券×张”等。

②请柬的撰写要求。在撰写请柬的过程中，语言应尽量做到简洁明了、措辞文雅、大方热情，除礼貌用语外，语气应带有希望、请求之意，以表诚心。书写时应注意时间、地点、人名的准确无误，掌握好发送的时间，不宜太早也不宜太晚，太早易遗忘，太晚则难免贻误时间。同时，在字体书写上，也应工整、清洁、美观、大方。

3．例文分析

［**例文一**］

中国山水画联展 请柬	××先生： 　　中国山水画联展定于10月3日至15日在××省美术馆举行。10月3日上午9时在一楼展厅举行开幕仪式。届时敬请光临指导。 中国美术家协会××分会 20××年××月××日

【简析】

这是一份邀请对方参加展览开幕仪式活动的请柬。请柬简洁明了地交代了活动举行的时间、地点，并致邀请之意。用语礼貌诚恳，格式规范。

［例文二］

为　　　　　　　　举行

谨定于　公历　年　月　日（星期　）

　　　　农历　年　月　日

并于是晚假座　　　酒店，敬备菲酌

恭候×××

光临

×××

×××　敬约

×时恭候

×时入席　　席设第　席　恕乏价催

【简析】

这是一份婚宴、寿庆时使用的竖式请柬，现在市场上一般都有按上述格式事先印制好的请柬销售。邀请方只需根据需要如实填写就行。考虑到人们使用公历和农历的不同习惯，在宴请时间栏目里分别标明，是办事细心、关照周全的表现。

“价催”是一个文言词。“价”古时指供役使的人，“恕乏价催”意思是请原谅不再派人催请。

二、邀请函

邀请函，是为了请别人来自己的地方或到约定的地方去参加某项活动而发出的礼节性书信。它往往是党政机关、军队、企事业单位以及各学术团体在召开重大会议时使用的一种应用文。它除了有邀请的作用外，还有提供信息的作用。邀请书必须是书面的，即使被邀请人近在咫尺，也应把邀请书交给人家，以示郑重，而不应该只是口头传达。

1. 请柬和邀请函的异同

（1）相同点。两者的作用是一样的，都是邀请别人参加活动的书面性通知，都是为了表示郑重其事而发的，既可以直接传送，又可以间接传送。同时，也都可以作为入场或报到的凭证。

（2）区别点。首先，邀请函的应用范围要比请柬广泛，大至邀请国家元首、政府首脑来访，小到参加一次座谈会，作一次报告，几乎所有方面的社交活动都可以用到这种文书。而请柬则多用于喜庆之事。其次，邀请函的发出者一般都是单位团体，而请柬的发出者既可以是单位团体，也可以是个人。再次，邀请函的内容比请柬更复杂，它除了要写明活动的时间、地点、主要内容外，还要交代有关事项，如行车路线、食宿安排、参加者要做的事情等。另外，邀请函一般还有回告单，请被邀者确认是否应邀，请柬则没有。

2. 邀请函的写作

（1）邀请函的结构。邀请函一般由标题、称呼、正文、结语和落款五部分组成。

①标题。在第一行中间写上“邀请函”三个字，如果内容是庆祝活动，可以适当地加以装饰，以示喜庆。有的邀请函用公文式标题，如《关于举办“市场经济与现代管理”学术研讨会的邀请函》。有的邀请函不写“邀请函”三个字，直接在正文中写出邀请的内容。

②称呼。在标题的下一行，顶格写上被邀请人的姓名和称谓，如“××先生”“××教授”“××同志”等，以示尊重。如果不便直接指明谁参加的会议或活动，称呼可写单位名称或某种统称，如“××学校”“各位常务代表”等。

③正文。正文包括前言和事项两部分。前言应简明扼要，主要有两个方面的内容：一是活动内容和邀请的原因，二是活动的时间、地点，然后邀请对方参加即可。事项部分如内容较多，则要分项列出，每项一般只写一件事情。

④结语。正文之后，另起一行空两格写上“此致”，下一行顶格写“敬礼”。有的不写结语。

⑤落款。落款包括署名和日期。邀请单位的名称写在正文最后一行的右下方，单位名称的下一行写上邀请的具体时间，并加盖公章。

（2）邀请函的写作要求。

①在写邀请函之前，应对有关情况作详尽的了解。如果是写会议邀请函，则必须对有关会议的指导思想、内容、被邀请人的要求和希望作详尽的了解，同时，对到会后的食宿安排以及报到的具体时间、地点等情况也应该掌握，以避免写作过程中出现纰漏和错误。

②邀请函的内容要简练、概括；事项应具体清楚，不能拖泥带水，含混不清；态度要热情有礼。

3．例文分析

［例文一］

邀请函

××先生：

2002年适逢毛泽东《在延安文艺座谈会上的讲话》发表60周年，为推动毛泽东文艺思想的研究，扩大学术影响，我会定于2002年6月13日至6月25日在××市××宾馆举行以“毛泽东文艺思想的历史贡献及其在当代的发展”为主题的学术研讨会，请届时光临赐教。

敬候回音。

毛泽东文艺思想研究会（印章）
2002年5月1日

【简析】

这是一份向个人发出的邀请函，其优点是文字简洁，态度热情有礼，对活动的内容、时间、地点表述明确。不足之处是具体事项交代不清楚，没有写明回复的地址，应把邀请单位的地址和邮政编码或联系电话写清楚，以便被邀请人回复。

［例文二］

关于举办“市场经济与现代管理”学术研讨会的邀请函

××同志：

随着我国社会主义市场经济的发展，我国现代管理理论研究和管理实践面临着日益增多的新课题。根据党的十五大精神，为了适应建立社会主义市场经济新体制的需要，总结改革开放以来现代管理经验，探讨社会主义经济条件下现代管理的系列基本理论和实践问题，促进科学管理水平的提高，我院决定于1997年12月1日至4日在××省××市举办“市场经济与现代管理”学术研讨会，您发表的文章《论市场经济条件下现代管理的特征、规律和艺术》被确定在本次会议上交流，特邀请您出席。现将有关事宜通知如下：

一、会议内容

（一）学术研讨。会议将结合党的十五大精神，重点研讨以下议题：

1．市场经济与现代管理的关系。

2．市场经济条件下现代管理的特征、规律。

3．现代管理方法与艺术。

4．现代管理制度创新。

5．改革开放以来市场经济的管理经验。

我院将邀请有关专家在会上作学术报告。（参会者可根据工作实际自拟具体题目）

（二）海南经济特区环岛考察。

二、会议时间

1997 年 12 月 1 日至 4 日（12 月 1 日全天报到）。

三、报到地点

××省××市××大厦大厅（××路××号），12 月 1 日全天机场有专人接待。

四、参会程序

收到此函后请速将回执表填好寄回我院学术交流中心，并将您的文章自备 80 份赴会交流；如有随行人员请在回执中注明。我院可代为预订返程机、车、船票，并负责接、送机工作。

五、会议费用

每人 1 460 元（包括报到后会议期间 4 天 4 夜吃、住、行、会务、资料、××至××考察等费用）。

六、联系地址

地址：××省××市××信箱　　　　邮编：××××××

联系人：×××　　　　电话（传真）：×××××××

××经济技术研究院学术交流中心（章）

1997 年 10 月 25 日

【简析】

这是一种经常使用的会议邀请函，其内容比较详细。用的是公文式标题，使邀请函显得严肃、庄重。正文部分的前言详细地阐述了举办本次学术活动的目的以及特别邀请对方参加的原因，然后分六条将会议有关事项逐一交代清楚。这是一篇格式规范、语言礼貌得体的邀请函。

［**例文三**］

招商邀请信

各蔬菜营销客商：

我镇是全市第一农业大镇，地处市西北部，离市区 9 千米，××高等级快速公路、××铁路纵贯全境，耕地0.27万余公顷。我镇大蒜种植具有20多年的历史，年产蒜苔1 800万千克，蒜籽1 500万千克，产量居××前列，在2003年被国家授予“中国大蒜基地镇”称号。我镇所产蒜苔色鲜嫩脆，蒜味浓纯，粗细适度，便于长途运输。蒜籽是上等调味品，而且具有清热、解毒、消炎等功效。蒜、蒜籽经农业部食品质量检验测试中心（××）量认（国）字（××）号检验符合国家标准。每年春分至清明期间是我镇蒜苔的收获季节，芒种节期间是蒜籽的收获季节，在收获季节期间，多路客商云集我镇，借助公路、铁路网络，纷纷争先收购，运往华北、东北、西北等十多个省市，还远销日本、中国香港、东南亚等国家和地区，受到外国友人的喜爱。

为了发展经济，搞活流通，我镇人民真诚邀请各位蔬菜营销客商来我镇收购蒜苔、蒜籽和做客，我们将在场地、安全保卫、金融、通讯等各个方面提供最优质的服务，同时提供符合质量要求的中国大蒜基地××牌名牌包装服务，真正建立一条绿色快速通道，让你们高兴而来，满意而归。

24小时值班联系电话：×××××××××

2004年9月23日

【简析】

作为一份招商邀请信，这篇例文存在着较多的错误。首先，地址不明确，文中自始至终没有点明“我镇”的名称，地处什么市；其次，尽管文中有“每年春分至清明期间是我镇蒜苔的收获季节，芒种节期间是蒜籽的收获季节”的说明，但招商的具体时间却没有明确说明；再次，应在时间之前落款，如“××镇招商办公室”之类的字样，以便人们了解招商的具体地点和单位。

思考与练习

1. 什么是请柬？其特点是什么？

2. 撰写请柬有哪些特殊的要求？

3. 什么是邀请函？它和请柬有何异同？

4. ××科教有限公司拟于今年11月18日8：00—18：00在××大酒店举办科教仪器商品洽谈会，拟邀请有关商家参加。请根据此信息以该公司的名义，写一份邀请函。要求格式、内容符合邀请函的要求。有关内容可以扩充。

5. ××大学拟于2006年9月8日至9日举行建校五十周年庆典，拟邀请各界人士参加。请根据此信息制作一份请柬，要求格式规范，措辞得体。

第八节 申请书和求职信

一、申请书

申请书是个人或集体向组织表达意愿，向社会团体、机关、单位领导提出请求时使用的一种应用文书。其适用范围相当广泛，个人对党团组织和其他群众团体表达意愿、理想和希望时，可使用申请书；个人对机关、团体、单位领导有所要求时，也可使用申请书。因此，申请书成为沟通个人和组织、下级与上级关系的一种重要手段。它不仅可以把个人或单位的愿望、要求向组织或领导表达出来，让组织和领导加深对自己或下级的了解，争取组织和领导的帮助和批准，而且可以使个人与组织、下级与上级之间的联系更密切。

1. 申请书的特点

（1）请求性。从写作动机来看，申请书的写作带有明显的请求性。在现实生活中，个人入党、入团或入会，必须依照程序向有关组织递交申请书，表达自己加入组织的意愿，然后组织才会考虑加以吸收；开业、调动、留学等个人在生活和工作中的具体问题也需要向有关组织递交申请书请求批准；其他如专利申请、商标注册、纳税申报、减免税申请、出口检验、民事诉讼中的种种申请，都是申请人因有所请求而必须按程序向有关组织递交的申请书。

单位、机关、社团有事要向有关主管部门或上级提出请求，有时用请示行文，有时也可用申请书行文。

总之，申请书是以阐述申请原因、申请理由和申请事项，表达申请意愿为主要内容的应用文书，具有十分明显的请求性。

（2）单一性。申请书是一种专用书信，其内容相对于普通书信来说，显得单一明确，是个人或下级对组织、机关、团体有所请求时才使用的信函文书。一份申请书只表达一个愿望或提出一个请求，一事一函，内容较单一。

2. 申请书的种类

申请书的种类很多，可按不同的分类标准进行分类。

（1）按内容分，申请书有入党申请书、入团申请书、入会申请书、开业申请书、调动申请书、专利申请书等。

（2）按形式分，申请书有文章式申请书和表格式申请书两种。

（3）按申请者分，申请书有个人申请书和单位申请书之分。

3. **申请书的写作**

（1）文章式申请书的写作。大多数申请书采用的都是文章式的写作方式。它有较固定的格式，一般由标题、称呼、正文、结尾、落款等五个部分组成。

①标题。申请书的标题主要有三种写法：a. 只写“申请书”三个字；b. 内容＋申请书，如《入党申请书》《开业申请书》等；c. 关于＋内容＋申请书，如《关于参加第一期再就业培训班的申请书》。标题的字体要稍大些，放在申请书第一行的中间。

②称呼。在标题的下一行顶格处写上接受申请书的组织、机关、团体的名称。称呼后加冒号，表示有话要说。

③正文。这是申请书的主要部分，包括申请事项、申请理由、申请态度三个方面的内容。

a. 申请事项。申请书应开门见山，写明个人或单位的申请意愿和具体事项。如“我是××大学中文系写作教师，愿意加入贵会，成为中国写作协会的一名会员”“本人申请开办外文书店”等。申请事项不宜写得太长，应简洁明了，把想要表达的意愿说清楚即可。

b. 申请理由。不同内容的申请书，其申请理由各不相同。因此，写申请理由时要针对申请事项，尽量把理由写得充分、具体，富有条理，只有这样才能说服接受申请者同意你的申请。例如，写入党申请书，应写清楚自己为什么要加入中国共产党，对党的认识、态度以及自己的优缺点，希望得到组织的培养和帮助等内容；如果是开业申请，则应介绍自己所具备的符合开业经营的条件；入学、留学申请，则应介绍自己入学、留学的条件和能力。同时，在写作过程中，用语应恳切得体，切不可语气生硬，甚至不讲礼貌。

c. 申请态度。表明自己的申请如果被批准后的态度和决心。如入党申请书，要写明保证遵守党章规定，执行党的方针和政策，履行党的权利和义务，遵守党的纪律等；开业申请，则应保证遵守国家的有关政策、法令，维护社会主义市场经济秩序，照章纳税，价格公平合理，服务热情周到等。

④结尾。结尾的方式有两种：第一种只写敬语，如“此致敬礼”。它的格式是：正文结束后，另起一行空两格写“此致”两字，后面不加标点符号，然后再下一行顶格写“敬礼”。第二种结尾，是在正文结束之后，另起一行空两格写上“请接受我的申请”，然后再写上“此致敬礼”。有的没有结尾语，也是可以的。

⑤落款。落款包括署名和日期。结尾之后在下一行靠右下角，写上“申请

人”三个字，然后空一格写上申请人姓名。在署名下一行相同的位置写上申请的具体时间。

（2）表格式申请书的写作。在实际工作当中，为了工作的方便和需要，有不少申请书都由审批单位按统一的标准用表格的形式事先印制好，申请人只要按表格规定的内容填写即可。如专利申请书，商标注册申请书，注册商标争议裁定申请书，纳税申报表，减免税申请书，进、出口检验申请单等。

4. 例文分析

［**例文一**］

入党申请书

敬爱的党：

像小苗盼望阳光雨露那样，我殷切期望，早日投入您慈母般温暖的怀抱，在您的直接关怀、教育、培养下，成为伟大社会主义祖国四化建设的有用之才。因此，我盼望成为一名中国共产党党员。

敬爱的党，虽然我不能像健康人那样，在学校里系统地学习党的光荣历史，但是，从给我以厚爱的亲朋师友之中，从我自学的课堂上，从二十几年的生活经历中，我同样强烈地领略到党的光荣和伟大。我们的党是中国工人阶级的先锋队，是中国各族人民利益的忠实代表，是中国社会主义事业的领导核心。党的最终目标，是实现共产主义的社会制度。我们的党领导全国各族人民，经过长期的反对帝国主义、封建主义、官僚资本主义的革命斗争，取得了新民主主义革命的胜利，建立了人民民主专政的中华人民共和国。“没有共产党就没有新中国”的歌声，唱出了人民的心声，也道出了一个伟大的历史事实。建国以后，党又领导全国人民顺利地进行了社会主义改造，完成了从新民主主义到社会主义的过渡，确立了社会主义制度，发展了社会主义经济、政治和文化。特别令人难忘的是，我们的党经受住了十年内乱的严峻考验，在国家和人民最危急的关头，一举粉碎了江青、林彪两个反革命集团，挽国家于存亡之际，救人民于水火之中。党的十一届三中全会的召开，在各条战线上取得了拨乱反正的重大胜利，实现了历史性的伟大转变，规划了四化建设的伟大蓝图。党的十二大以来，随着社会主义建设新局面的开创，各族人民意气风发、同心同德奔向未来。历史证明，我们的党不愧为光荣、伟大、正确的党。

作为一名病残青年，我更无时无刻不在感受着党的温暖。没有党的关怀，就没有我的生命，更没有我的今天。特别是当我在生活中克服了一点困难，在工作中作出了一点成绩的时候，党又给我以很高的荣誉，使我时时有一种无功受禄之感。我付出的太少了，得到的太多了，纵然献上我的青春和生命也无法报答党和人民对我的厚爱。

我深知，自己离一个真正的共产党员的要求相差太远了。但我决心时时处处以一个党员的标准严格要求自己，战胜困难，刻苦自学，百折不挠，奋力攀登，更多地掌握四化建设的本领，为共产主义事业贡献出微薄的力量。敬爱的党，请考验我。

申请人　张××
××××年××月××日

【简析】

这是一篇申请加入中国共产党组织的申请书。正文部分开头直接表明自己申请加入中国共产党的愿望，接下来结合党的历史和自己的感受说明申请入党的理由，最后简要地表明了申请的态度。全文详略得当，格式规范，情真意切，真挚地表达了申请人渴望加入中国共产党组织的强烈愿望。

［例文二］

申请书

××领导：

经过几年的工作实践，我越来越感到自己的文化水平和业务能力不能适应当前的需要。为了进一步提高自己的文化素养和业务水平，适应今后高科技发展的新形势，我想申请参加明年的成人大专夜大招生考试，以求得继续深造的机会。

在考试前，我一定在不影响本职工作的情况下做好复习迎考准备，考出好成绩。以上申请，请领导批准。

此致

敬礼

申请人　×××
20××年××月××日

【简析】

这是一则申请参加成人大学招生考试的申请书。全文用简洁明了的语言说明了申请的理由和申请的具体内容，并作出了相应的保证。内容清楚明白，条理清楚。

二、求职信

求职信是求职人向招聘、用人的团体、机关、企事业单位提出自己的任职意向和请求，以达到任职目的的一种特殊形式的书信。随着我国社会主义市场经济的形成，人才竞争机制的建立，人才资源的全面市场化，求职信逐渐成为一种被广泛使用的特殊书信。

1．求职信的特点

（1）自荐性。求职信最大的特点是自我推介，求职人有针对性地向用人单位介绍自身适合应聘的条件和突出的优势，是求职信的主要内容。

（2）真实性。求职信必须以实事求是的态度赢得用人单位的好感和信任。求职信的真实性从以下两个方面表现出来：

①求职者应亲自撰文书写。

求职信是求职者主动向用人单位推介自己的信函，一封好的求职信，能产生一种见信如见人的效果，使用人单位能够通过求职信更多地了解求职者。因此，求职信应亲自起稿书写，不要请人代笔，以便对方可以通过求职信的行文用语，初步了解求职者的学识、性格和修养。通过信函文面，也可以猜测求职者的求职心态、办事作风、工作态度等。

②推介内容要真实客观。

求职信的内容应该真实，在推介自己时要如实地向用人单位介绍自己的学历、资历、专长等情况，不能弄虚作假。应做到不亢不卑，既不过于谦虚，自贬身价，也不过于高傲，狂妄自大，以便给人真实可靠的良好印象。

2．求职信的写作

求职信主要由称谓、正文、结束语、落款和附件五部分组成。

（1）称谓。第一行顶格写上收信单位或有关负责人名称。单位名称后可以写上负责人的职务名称，如“总经理”“主任”“校长”等。由于收信人未曾见过面，所以称谓要郑重其事，力求恰当。有的求职信还在称谓之后另起一行空两格写问候语，如“您好”。

（2）正文。求职信正文的内容包括表态求职、自我推荐、希望要求等三个部分组成。

①表态求职。求职信是双方互不认识的情况下的第一次通信，所以应该开门见山、直截了当地说明自己应聘求职的原因，提出打算应聘的具体职位，以便于用人单位一旦打算录用时能按求职人的意愿录用，满足求职者的求职愿望。

②自我推介。正文中的自我推介可只作概要介绍，详情可用附件形式介绍，以给人留下清晰和深刻的印象。介绍时应着重介绍自己应聘的有利条件，突出自己的优势以及和应聘职位有关的专长，先给人一个好的印象，引起对方的兴趣，然后再在附件中，作更详细的自我介绍。作自我推介，应使用简洁明快、严肃庄重的语言，把自己的情况介绍清楚。应介绍的情况主要有姓名、性别、年龄、籍贯、身高、政治面貌、身体状况、专业、懂何种外语、家庭住址、户口所在地、邮政编码、履历（学历）、所学专业的主要课程（学时和成绩复印件）、特长、联系方式、毕业证书和有关获奖证书的复印件等。同时，还应附上免冠近照和身份证复印件。

③希望或要求。求职者可在推介后向用人单位提出自己的希望和要求，但仍应写得客气，适可而止，不要苛求对方。如“盼望能尽快得到您的答复”“贵公司之规定待遇，鄙人并无特别要求，请录用”“倘能提供一些贵单位的情况简介及待遇情形，则感激之至”等。

（3）结束语。通常以“此致敬礼”为结束语，形式和一般书信相同。

（4）落款。落款包括署名和日期两部分。署名要写在求职信的右下侧，应写上自己姓名的全称。如果已有工作单位，应先写上工作单位全称，空一格写自己姓名的全称，以便于招聘单位辨认回信。日期写在署名的下边，应把年、月、日都写上，以便于查考。

（5）附件。求职信大多附带有各种附件。如履历表、毕业证复印件、自我简介、著述目录、主要论文篇目、获奖证书复印件等，已成家的还可附上家庭成员简介。

3．例文分析

［**例文一**］

求职信

××市教育局：

最近从省人才交流中心了解到贵市急需聘用高中数学教师，我愿意应聘。现将我的有关情况推介如下：

我叫黎××，男，25岁，××省××市人，是××师范大学数学系××届应届毕业生，中共预备党员。身高1.73米，身体健康。家庭住址：××市××区××路××号（邮编：××××××）。

在大学四年中，我学习刻苦，成绩优良。通过了国家英语六级水平考试和国家计算机二级水平考试。近期在教学实习中被评为“优等”。（详情见附表）

此外，在大学期间，我还担任过班级团支部书记，具有较强的社会活动能力，曾获得校团委颁发的“优秀团干部”奖状。

经过四年的努力学习和锻炼，我已具备了高中数学教师的任职条件，如蒙录用，将竭尽所能，为发展贵市教育事业效劳。

此致

敬礼

××师范大学××届数学系　黎××

××××年××月××日

附件：1. 本人简历一份

2. 学习成绩表一份

3. 英语六级证书、计算机二级证书和其他获奖证书各一份（复印件）

联系电话：×××××××

【简析】

这份求职信开头说明招聘的信息来源之后，开门见山表达了自己愿意应聘的意愿。主体部分分三个层次陈述有关事项：首先简要介绍自己的姓名、住址等情况；接下来针对人才需要的条件，较详细地介绍自己的学历和能力；最后再一次表明自己的诚意。全文详略得当、重点突出。

［例文二］

求职信

尊敬的××公司总经理先生：

首先，为我的冒昧打扰向您表示真诚的歉意。在即将毕业之际，我怀着对贵公司的无比信任与仰慕，斗胆投石问路，希望能成为贵公司一员，为贵公司服务。

我是××理工大学计算机软件专业××级学生，将于今年7月毕业。在大学四年中，我努力学习各门基础课及专业课，并取得了良好的成绩（见附件），英语已通过六级考试（见附件）。本人不仅熟练地掌握了学校所教课程的有关知识（VB程序设计、AOTOCAD、FRONTPAGE、FOXPRO、C语言等），而且还自学了PHOTOSHOP、DMAX、VISUAL FOXPRO等，专业能力强，曾获学校计算机软件设计比赛一等奖。

作为一名跨世纪的大学生，我非常注意各方面能力的培养，积极参加社会实践，曾在××保险做过业务员，在××做过星级训练员，还在××信息有限公司做过网络工程师。我爱好广泛，有责任感，吃苦耐劳。

本人期盼能成为贵公司的一员，从事计算机、管理等工作。诚然我现在还缺乏丰富的社会经验和广泛的社会关系，如果贵公司给我机会，我会用我的热情、勤奋来弥补，用我的知识、能力来回报贵公司的赏识。

盼望您能给我一次面谈的机会。随信附上简历、英语等级证书、获奖证书等。

此致

敬礼

×××敬上

2001年4月5日

联系地址：××理工大学计算机系××级×班（邮编：××××××）

电话：××××××××

【简析】

这是在不知公司是否要人的情况下写的一封求职信。开头用谦恭有礼的语言写明了求职的原因；接着介绍自己的学习情况，突出自己的专业技能，强调自己积极参加社会实践，有一定的经验；最后用恳切的言辞表达了自己的愿望和决心。全文情辞恳切，不卑不亢。

［例文三］

求职信

尊敬的领导：

您好！

非常感谢您能在百忙之中抽出时间来审阅我的求职信！

我是××大学化工学院高分子材料与工程专业的一名本科毕业生，即将踏入社会，在社会的大学中通过工作来锻炼自己的能力，贡献自己的力量。欣闻贵单位招聘员工，特此毛遂自荐，希望能在贵单位任职。

四年大学生活的熏陶，使我心智更加成熟，待人处事更加理智。无论何时何地，我都感谢曾经帮助和培养过我的老师，怀念这四年里自己所经历的一切。在校期间，我努力提高自身的综合素质，端正学习态度，目的明确，认真努力，取得了良好的成绩。同时我在学习和实践中锻炼了我的社交能力、组织能力和协调能力，有很强的责任心和团队合作精神。我深信，机会是属于那些做了充分准备的人。

时光如梭，现在我深深地懂得，过去不代表未来，勤奋才是真实的内涵，未来的辉煌是靠今天的脚踏实地、坚持不懈的努力实现的。尽管在众多的应聘者中，我不是最优秀的，但我很自信。我能够很快适应工作环境、熟悉业务，并在实际工作中不断地学习和完善自我。相信在你我的共同努力下，我们一定会有更加辉煌的明天！

我相信：您的信任是我成功的基础！

热切盼望您的答复。

祝：贵单位事业蒸蒸日上！

此致

敬礼！

求职人　徐×

××××年××月××日

【简析】

作为一封求职信，在写作的过程中，应该有针对性地让对方尽可能地了解自己的经历和特长。作者显然没有做到这一点，自我展示得不够具体，需要让招聘单位了解的实际内容交代得太少，年龄、性别、爱好、求职范围等都未能作具体交代，而更多的是在表达心志，给人一种虚假空洞之感。另外，该求职信还忽视了一个重要的问题，那就是没有留下联系方式，这样招聘单位即使有心录用你，也无法“答复”。值得一提的是，这封求职信在言语表达上注重礼节，彬彬有礼，值得提倡。

思考与练习

1. 什么是申请书？它有哪些特点？

2. 求职信的真实性特点主要表现在哪些方面？

3. 假设你即将毕业，希望毕业后到某地某单位工作，请按求职信的写作要求，试为自己拟写一封求职信。

第五章　经济应用文

第一节　经济预测报告

经济预测是在调查研究的基础上，运用预测理论和方法，通过对已知的经济情况的分析，掌握其演变规律而测算和判断未来经济发展趋势的一种科学方法。把这种分析、测算和判断的过程及其结果用书面形式反映出来，就叫经济预测报告。所以，经济预测报告是一种反映经济预测的分析研究过程及其成果的应用文。

一、经济预测报告的特点

经济预测报告与市场调查报告一样，都属于调查报告的范畴。它们都是建立在调查研究基础上的，反映市场调查成果的载体，其目的也都是为了全面掌握市场动态及其发展变化趋势，以指导经济健康有序地发展。但经济预测作为更广泛的调查报告有其自己的特点。

1．预见性

如果说市场调查报告是反映市场的过去和现状，反映市场经济活动中的经济状况与条件，目的是为了了解过去，总结经验，认识现状，发现问题，指导现实的生产、经营活动的话，那么经济预测报告则是通过大量具体现实材料的归纳、分析、判断来反映未来经济的变化和趋势，展示经济发展的前景，从而为生产、经营决策提供科学依据。所以预见性是它最本质的特点。

2．情报性

经济预测报告包含着重要的经济信息，能为各经济部门提供必要的情报资料。因为它一方面记录和反映了经济发展的最新变化和各方面的最新动态，内容丰富而准确，有使用价值；另一方面它以最快的速度传递到生产、管理、经营、销售者的手里，为他们提供必要的决策方案和情报资料。情报性是经济预测报告的生命和力量所在。

3. **综合性**

经济预测的内容涉及的范围很广，比如推测某一经济活动可能产生的结果及其发展趋势时，往往联系政治、经济、文化、历史等领域，综合经济学、社会学、市场学、数学、心理学等多种学科知识，分析多方面的因素。具体地说，经济预测报告就是外部现象和内在原因的综合，也是纵向分析与横向分析的综合，又是历史的连续性与发展的预见性的综合，更是微观经济与宏观经济的综合。

二、经济预测报告的种类

市场预测的种类很多。按范围分，有宏观经济预测报告和微观经济预测报告；按预测方法分，有定性预测报告和定量预测报告；按时间划分，有长期、中期和短期经济预测报告；按性质分，有专项预测报告和综合预测报告等。企业常用的预测报告多为专项预测报告。具体包括：

1. **市场需求预测报告**

这是预测市场对企业产品总的需求量的报告，它是企业制订产销计划和进行经营决策的重要依据。

2. **销售预测报告**

这是预测企业产品在市场上的销售情况（市场销售量、市场占有率、产品竞争能力等）的报告。它是企业改善经营管理、扩大销售量、增强企业竞争力的重要依据资料。

3. **技术发展预测报告**

这是预测同行业生产中的新技术、新材料、新产品及其对市场需求的影响的报告。

4. **经济资源预测报告**

经济资源预测报告即预测企业生产所需原料、能源来源和保障程度的报告。它是确定企业生产所需原料品种、规格、数量、期限和供应单位，制订生产计划和物资供应计划的重要依据。

5. **生产预测报告**

生产预测报告即预测企业生产能力，预测改建扩建后的生产效益和各种产品年产量等内容的报告。它是企业制定生产计划的依据。

6. 成本预测报告

成本预测报告即预测企业产品在一定时期内的成本水平的报告。它是企业有计划地降低成本、加强经济核算、确定市场价格、争取获得更大经济效益的重要依据。

三、经济预测报告的写作

1. 经济预测报告的写作程序

（1）选定预测对象和目标。经济预测报告涉及的因素多，包括的范围广，但写书面报告时，必须从实际工作需要出发，有目的地选择一两个项目作为重点，做到对象明确，目标集中、具体。可以说预测的对象越明确、越具体，预测的结果也就越准确、可靠。如某企业要对3年内洗衣机的市场走势进行预测，那么预测对象是洗衣机，预测目标是市场走势，时限是3年。

（2）搜集分析预测资料。对象和目标确定后，就要广泛搜集、详细完整地获取预测资料。预测报告必须以完整的资料数据为依据。资料应包括历史的和现实的、内部的和外部的、直接和间接的。对所搜集到的资料还应进行分析整理。分析不但要注意企业经济活动资料的历史联系，了解它产生、发展和变化的前因后果、来龙去脉，得出合乎逻辑的结论，而且还要抓住有关资料所反映出的现实联系，使带有规律性的认识更加鲜明突出。

（3）选择恰当的预测方法。对搜集来的经过分析整理的资料还必须用各种预测方法进行计算和预测。企业常用的预测方法有下面两种。

①定性预测法。定性预测法又称经验预测法。其运用理论分析和人们的直觉经验去判断经济活动发展的趋势和前景，它是一种凭借所掌握的科学理论知识、从事专业工作的实践经验与推断能力，在掌握资料的基础上进行直观判断的预测方法。它主要包括德尔菲法、主观概率法、购买意向调查法、专家预测法、业务人员估计法等。

②定量分析法。它是根据历史的和现实的生产销售等经济资料，选择能反映预测对象同有关经济因素（变量）之间相互关系的数学模型，进行计算处理，模拟预测对象发展规律的定量预测法。也就是根据已掌握的数据资料，运用统计方法，按照一定的数学模式推导出未来的经济发展水平和结构关系。它具体包括时间序列分析法和因果分析预测法等。

定性预测和定量预测在实践中常常是结合使用的，因为定性缺少量的说明，无法预测具体的量的多少，定量缺少质的说明，无法说明量的来龙去脉；定性分析可以把握定量分析的大体轮廓，定量分析也可以印证定性分析结论的正确、合理和可靠程度。所以两者相互补充，才能较为准确地预测出预测对象未来发展的结果。

（4）分析评价预测结果。预测与实际往往存在着差距，如果差距太大，预测就会失去作用。因此需要对预测结果进行分析和评价，判定其误差范围，以便从若干预测方案中选出最接近企业未来经济活动实际的预测方案。

（5）拟定预测报告的写作提纲。在完成上述各项预测程序后，应拟定预测报告的写作提纲，即预测报告的大体轮廓。具体的报告内容应在审视提纲的基础上，按照一定格式进行写作。

2．经济预测报告的结构和写法

经济预测报告的结构一般都由标题、正文、署名和日期三部分组成。

（1）标题。经济预测报告的标题有如下几种形式：

①公文式。公文式包括预测范围、时限、对象和文种，或只有预测对象（预测时限）和文种。如《2002年广州市家用空调器的市场预测》《家用电脑市场预测》。

②消息式。标题含有预测之意，不再用“预测”二字。如《2002年中国农村经济展望》《房地产业界人士企足待明年》。

③双标题式。双标题即正副标题。如《柳暗花明又一村——××市房地产走出低谷趋于活跃》。

（2）正文。经济预测报告的正文包括前言、主体两部分。

①前言。前言的写法多种多样，概括起来大致有这样几种：

a．开门见山，交代预测结果。如：据有关方面预测，1996年我国有15亿平方米的住宅需求，市场前景极为广阔。从目前形势看，房地产已走出低谷，不会再有多大跌落，1996年可望回升。1996年我国房地产将出现些新气象，市场形势十分乐观。

b．简明扼要地介绍预测的范围、对象，说明预测主旨，如本节例文一。

c．也有的不单独写前言，开门见山，直接写现状，如本节例文三。

②主体。它是报告的核心部分，一般分为交代情况、分析预测和提出建议三部分。

a．交代情况。主要是用翔实、具体的材料来说明市场的现状，必要时还需联系历史探寻其来龙去脉，以便更好地了解其发展的趋势。

b．分析预测。针对前一部分列举的有关情况进行综合分析和测算，对市场的未来走势作出预见。这是报告的核心，要重视分析计算和严密的推导，尽可能保证预测结果的准确，让人信服。也就是说在分析、计算时，要注意材料的全面、典型和准确（权威性资料），要选择科学的分析方法和计算方法，不要以偏概全，更不要以现象掩盖本质。另外还有一些短小的市场预测，对其分析研究和科学推算的过程不作具体的阐述，而是直接交代预测结果，并对相应的因素进行分析，最后提出相应的对策，如本节例文二。

c. 提出建议。预测的目的就是根据预测到的市场发展走势，找到相应的对策。建议就是把找到的对策具体明确地表达出来。所谓的对策就是采取的措施和具体的行动计划。建议要有针对性，措施要切实可行，对策要有战略性。

(3) 署名和日期。署名一般应写在标题的正下方或正文的右下方。有时还要写明日期。

四、例文分析

[**例文一**]

浅析彩色电视机的消费趋势

吴××

随着人民生活水平的提高，彩色电视机已经或正在迅速走向我国居民家庭，成为居民生活中不可缺少的一个重要组成部分。近几年来，千家万户想看彩电，各行各业折腾彩电，彩电生产、销售几起几落，市场变幻莫测。今后几年，彩色电视机的生产、销售、消费趋势如何，这将是彩电生产企业、销售部门和广大消费者共同关心的问题，本文试对此作些分析预测。

一、历史状况

（一）生产

我国彩电的生产始于20世纪70年代，到1981年才形成较大批量的生产规模，年产量为……

（二）市场

根据国家规定，当前，国家对彩色电视机实行专营，主要销售渠道有工业自销、商业订购和出口三种。其中，工业自销占生产量的二分之一以上，商业订购不足二分之一，1989年商业订购不到产量的四分之一。据推算，到1989年末，彩色电视机累计销售约3 950万台……

（三）社会拥有量

当前，彩电的社会拥有量约为4 000万台，据统计，城市普及率为50%以上，农村普及率在5%左右……

（四）彩电产销存在的问题

1. 市场实际价格偏高，抑制了需求

……

2. 配件依赖进口（国产彩管约有300万支）。

……

3. 生产成本上升，企业负担极重

……

4. 商业进销差率太小，商业经营没有积极性

……

5. 彩电消费超前攀比现象严重

……

二、产销预测分析

（一）需求变化的趋势分析

据有关分析，彩电发展过程遵循萌芽→成长→成熟→衰退的生命周期性演变过程，不同的阶段，产品市场需求特征是不同的……

（二）需求预测

1. 购买力因素分析

……

2. 购买动机分析

……

3. 经济和市场环境分析

……

4. 购买潜力分析

……

（三）定量分析

有关方面预测，“八五”期间，彩色电视机产量每年增长13.8%，在1990年630万台的基础上，每年增加100多万台，加上每年有少量进口，就决定了我国彩电的消费规模。

经过分析可知，与彩电消费相关的众多因素中几个关系密切的因素是：货币收入（职工平均工资、农民货币净收入）、居民储蓄存款、彩电生产量、社会商品零售额和零售价五个指标。根据不同因素对彩电需求的不同程度的影响，采取数学方法可以进行分析预测……

三、几点建议

1. 积极调整产品结构，不断适应市场需求的变化

……

2. 拉开牌誉差价

……

3. 适当扩大商业进销差率

……

4. 扩大现行的地区差价

……

5. 发挥国营批发商业“蓄水池”作用

……

6. 适当地进口一些彩电整机

……

【简析】

这是一篇言而有理有据的市场预测。说它有理有据，一是材料翔实、可靠；二是预测方法科学，分析透彻。这篇报告的作者在国家计委消费市场司工作，所得的材料具体而翔实，作者也正是在这些具体而翔实的历史与现实资料、数据的分析基础上进行市场预测的。预测时，先采用定性预测方法，对需求趋势进行预测，后又依据统计资料建立数学模型，推算出彩电的市场需求量。这样通过定性、定量的预测分析，得出的结论和提出的建议就比较可信，有说服力。

［**例文二**］

自行车销售柳暗花明

今年下半年自行车销售市场出现缓慢回升态势，但总趋势仍然是供大于求。我国自行车业在长年部分企业停产、转产之后，出现产量、销量库存下降的局面。

据统计资料，自行车全行业去年整车年产 2 800 万辆，销售 2 500 辆，年末库存500 万辆左右，分别比前年下降了 24.2%、18.6%、50%。有关专家分析认为，这一状况表明自行车市场的供求关系已逐渐趋向合理。据行家预测，今年国内市场对自行车需求量将比去年上升 7 个百分点，有望达到 3 000 万辆。由于需求量的增加，今年下半年自行车市场将缓慢复苏，其主要原因如下：

一、从世界范围来看，自行车总需求量仍是上升趋势，这为我国自行车业进一

步跨入国际市场创造了条件，不论是整车还是零部件厂商都有相当大的用武之地。

二、自行车健身、娱乐、休闲功能的开发，为自行车业的发展注入了新的动力，从而也将扩大自行车市场。

三、内地和西部地区的开发，以及农村市场的开拓，将扩大自行车市场的需求量。

四、自行车更新将导致需求量增加。按正常年份估算，我国自行车更新需求量将超过 2 000 万量。

此外，随着消费市场和生产企业的日趋成熟，产品质量有显著的提高，生产厂家也向理智型生产发展，根据市场行情确定生产计划，使产销结合起来。据统计，去年全国自行车行业平均销售率达到 95. 16% 。

有关专家认为，自行车市场虽有转机，但还不能过于乐观，规范市场，发展新品，提高技术水平，加强企业内部管理，降低成本，增强竞争力，仍然是自行车行业的当务之急。

【简析】

这是一份对产品销售的专项预测。报告导言部分直接介绍预测结果：据行家预测，今年自行车总需求量将比去年上升 7 个百分点，有望达到 3 000 万辆，由于需求量的增加，下半年自行车市场将缓慢复苏。主体部分虽然没有对“7 个百分点”“3 000 万辆”作具体的定性、定量分析，但突出重点，采用了因素分析方法，将预测的结论建立在诸多因素分析的基础之上，内容充实，很有说服力。

[例文三]

1996、1997 年全国劳动就业形势分析预测

一、1996 年就业形势分析

随着经济的持续发展和劳动用工制度改革的深入，今年上半年，全国从业人员比上年底增加 600 万人。全国职工人数继续减少，6 月末为 14 690. 1 万人。其中国有经济单位为 108 141 万人，城镇集体单位为 2 995. 8 万人。其他经济单位为 853. 3 万人。职工人数比上半年减少 217. 9 万人。造成职工人数下降的原因是：一些企业处于转制过程中，减下大量富余人员；部分企业生产不景气，处于停产半停产状态，一些职工被迫停薪留职，内退或被辞退，造成职工大量被裁减。此外，一些企业严格控制增人，只出不进。上半年国有单位中，企业单位职工总数 7 441 万人，比去年同期减少 19 万人。事业单位职工人数为 2 399 万人，比去年同期增加 74 万人；机关单位为 1 002 万人，比去年同期增加 27 万人。这

表明机关单位一方面就业不够充分；而另一方面，又不断增加新的人员。

下半年随着季节的变化，一些兼业的农业从业人员会逐步返城，预计会使一些临时工及计划外用工有所增加。由于市场服务体系的完善，一部分失业人员又重新就业。考虑到以上因素，再根据经济增长及上半年就业情况推算：预计1996年全国从业人员63 468万人，城镇从业人员17 454万人，乡村从业人员46 014万人，全国职工人数14 585万人，城镇失业率将比1995年的2.9%有所上升。

二、1997年就业形势预测

1. 支持就业发展的宏观经济环境

良好的宏观政策为1997年的就业发展奠定了坚实的基础。具体地说：①国家通过加大对第三产业、劳动密集型行业及能源、交通等基础设施方面的投资，将为就业创造更多的机会。②在财政、金融、税收政策上，对能增加就业的产业、行业、企业和地区予以优惠和扶持。③在外贸政策上推动各种形式的外贸企业的发展，大力发展劳务输出事业。④在教育政策上，注重职能、技能开发，使劳动者成为多技能、高素质、适应劳动力市场变化的合格劳动者。

2. 1997年劳动力总量供需预测

1997年是我国"九五"计划的第二年，从劳动力的供给看，整个"九五"期间都是劳龄人口的增长高峰期，根据人口、就业与经济增长模型预测：1997年劳龄人口供给75 072万，不是百分之百能够就业，预计1997年仍新增劳龄人口2 030万，即使扣除当年退休年龄和丧失劳动能力以及学生、军人等人口950万，仍有实际要求的就业规模1 080万。加上劳动就业体制改革的探索，预计1997年需要消化各种富余人员大约3 000万左右。目前我国农村剩余劳动力达1.5亿，可见我国劳动力供给在1997年仍保持强劲。考虑上述因素，建立人口、就业及经济发展模型基本设想：1997年国民经济增长速度为10%，第一、二、三产业产值所占的比重分别为18.6%、50.5%、30.9%，劳动生产率平均增长8%。其预测结果：1997年劳动力需求量64 600万人，城镇失业率为3.0%～3.5%。

3. 1997年劳动力就业结构分布呈以下特点……

三、政策建议

1. 采取多种渠道，合理安置企业富余、失业人员……

2. 加强对城乡劳动力流动的统筹调控，实行优势互补，沟通城乡经济联系……

3. 扶持中小企业的发展，以劳动积累补资金积累的不足……

4. 加强职业教育和职业培训，提高劳动力大军的整体素质……

5. 推动灵活多样的就业形式……

【简析】

这是一篇专题经济预测报告。它以充分、具体、翔实的资料，对1996、1997两年全国劳动就业形势进行了宏观分析预测。这篇报告没有单独写前言，而是开篇直接写现状，并采取了小标题的形式分为三部分（一是1996年就业形势分析；二是1997年就业形势预测；三是政策建议），一一分析说明，脉络十分清晰。在分析预测时，突出重点，即1997年的就业形势预测；并采用了定量分析与因素分析等方法，进行了系统的分析和严密的推断，令人信服。

思考与练习

1. 什么是经济预测报告？它有哪些特点？

2. 在市场预测中，为什么要把定性预测与定量预测结合起来？请自选预测对象，开展一次调查活动，并写出一篇预测报告。

第二节　经济合同

合同，也称协议书，旧称契约，它是当事人之间为了办理某一具体事务，实现各自的目的，按照法律规定，就有关确认的权利与义务，经平等协商所达成的一种协议。这种协议用于经济领域，便是经济合同。根据《中华人民共和国经济合同法》规定，所谓经济合同是法人之间，或法人与其他经济组织、个体工商户、农村承包经营户之间，为实现一定的经济目的，明确相互权利、义务关系而订立的协议。它广泛地使用于经济活动领域，调整的是法人、其他经济组织之间的经济贸易关系。因此，与企业的生产经营密切相关，与各类经济协作、合作活动紧密相连。

一、经济合同的特点

1. 经济合同主体的规定性

经济合同的主体有明确的规定性，即经济合同的当事人不是任意的自然人，必须是法人、其他经济组织、个体工商户、农村承包经营户。所谓的法人，就是指依法成立、拥有独立财产并能以自己的名义行使民事权利和承担民事义务的组织，如公司、工厂、商店、社团等。

2. **经济合同确认的是当事人之间的经济关系**

经济合同是当事人之间在生产、流通领域，为实现一定的经济目的而明确相互的经济权利和经济义务的协议。当事人订立的经济合同的直接目的，或者双方都是为了生产经营；或者一方为了生产经营，一方为了完成某项工作任务。经济合同的经济业务性质是经济合同的本质特征。

3. **经济合同的双务性、有偿性**

经济合同是当事人双方经平等协商订立的，都是为了追求一定的经济目的，彼此之间的法律地位是平等的，因而双方的权利和义务也是对等的。也就是说当事人双方按照合同规定相互享有权利，相互承担义务，同时各自要为所得到的财产利益向对方支付相应的代价。从这一点来说，经济合同是双务的有偿合同。

4. **经济合同的法律约束性**

《经济合同法》第六条规定："经济合同依法成立，即具有法律约束力，当事人必须全面履行合同规定的义务，任何一方不得擅自变更或解除合同。"违反合同就应承担违约责任。只有在法律规定的特殊情况下，才能变更或解除合同。

二、经济合同的作用

经济合同是市场经济的产物，是市场经济在法律上的体现。在我国市场经济深入发展的今天，更需要这种契约形式来保障各种协作关系的实施，促进市场经济健康有序地发展。经济合同的作用，概括起来，有如下几点。

1. **有利于维护经济秩序**

随着市场经济体制的不断完善，大量的经济关系和经济活动需要明确契约关系，以保证市场经济在法律的轨道上健康有序地发展。经济合同作为受法律保护的契约文书，自然成为发展市场经济、维护经济秩序的重要工具。

2. **有利于保护当事人的合法权益**

经济合同依法订立，具有法律的约束力，当事人必须全面履行合同规定的义务。对不履行合同而造成一方经济损失的，损失方就可以合同为依据，对照条款进行交涉，甚至诉诸法律，请求仲裁。

3. **有利于实现专业化协作**

随着现代经济的发展越来越专业化，经济协作也就越来越普遍了。可以说经济合同是实现和促进经济协作的纽带。通过经济合同，把众多企业有效地组织起来，保证产、供、销相互衔接，并且保时、保质、保量，以促进社会生产的顺利发展。

4. **有利于企业的经营管理**

经济合同具有法律约束力，一经成立，就必须履行。为了履行合同，经营者也就必须加强经营管理和严格地核算，挖掘潜力，提高经济效益。

三、经济合同的种类

经济合同名目繁多。根据不同的需要，不同的标准，从不同的角度可分为不同的类型。依据《经济合同法》的规定，我们按照签订合同的业务范围，将其分为以下九种。

1. 购销合同

这种合同是流通部门和生产部门、企业与企业之间，对产品或商品以期货形式进行交易而达成的协议。根据购销合同的不同购销方式，购销合同主要可以分为供应合同、采购合同、预购合同、协作合同、调剂合同等。合同中应明确产品数量、质量和包装质量、产品价格、交货期限等。

2. 建筑工程承包合同

建筑工程承包合同是指建设单位与施工单位为完成工程建设项目，明确双方权利义务关系而订立的协议。其中，建设单位为发包方，施工单位为承包方。承包方以自己的设备、技术和劳力，根据发包方的要求完成一定的建设工程，发包方及时验收竣工工程并向承包方支付工程费。根据建设工程的不同内容，其合同又可分为建设工程勘察合同、建设工程设计合同、建筑工程合同、安装工程合同等。建设工程合同应明确工程范围、建设工期、工程开竣工时间、工程质量、工程造价、技术资料的交付时间、材料和设备供应责任、拨款和结算、交付验收等条款。

3. 加工承揽合同

加工承揽合同是指承揽方用自己的设备、技术和劳力，按照定做方的要求进行工作，交付工作成果，定做方支付约定的酬金的协议。根据加工承揽的不同内容，其合同又可分为加工合同、定做合同、修缮合同、修理合同等。

4. 货物运输合同

货物运输合同是指承运人将货物运送到约定的地点，托运人支付相应的运费或票款的协议。根据运输工具和运输方式的不同，货物运输合同可分为铁路货物运输合同、水路货物运输合同、公路货物运输合同、航空货物运输合同等。

5. 供用电合同

供用电合同是指供电方根据约定供给用电方电力，用电方向供电方支付电费的协议。在合同中应明确规定电力、电量、用电消耗、用电时间和经济责任等条款。

6. 仓储保管合同

仓储保管合同是指从事仓储保管业务的人为寄托人保管物品，委托人支付仓储、保管费的协议。合同中应明确保管储存物的品名、规格、数量、用途、租赁期限和租金数、租金交纳和维护保养的责任。

7. **财产租赁合同**

财产租赁合同是指出租人在一定时间内把财物提供给承租人使用，承租人支付约定租金的协议。在合同中，应明确租赁财物的名称、数量、用途、租赁期限、租金数、租金交纳和维修保养等条款。

8. **借款合同**

借款合同就是指贷款方将一定数量的货币交付给借款方，借款方依约到期归还相同数量的货币，并向贷款方支付利息的协议。贷款合同必须根据国家批准的借贷计划和有关规定签订。所贷资金任何单位和个人不得强制抽调、挪用和转移。企业向银行贷款必须提出借贷计划和申请书，经银行审查同意后才能订立借贷合同。

9. **财产保险合同**

财产保险合同是指投保人交付保险费，保险人在保险的财产发生自然灾害或者意外事故遭受损失时予以赔偿，而明确相互之间权利义务的协议。保险合同一般采用保险单和保险凭证的形式签订。其中应明确规定保险标准、坐落地点（或运输工具与航程）、保险金额、保险责任、除外（意外）责任、赔偿办法、保险费交付办法以及保险起止期限等条款。

四、经济合同的结构与写法

自1990年10月开始在全国逐步推行经济合同示范文本制度后，其格式也更加规范化。就基本的格式来讲，主要有条款式、表格式与条款表格结合式三种。不论什么形式，一般都包括以下四个部分。

1. **标题**

标题即合同的名称，一般只表明合同的性质即可。如《购销合同》《借款合同》等。

2. **立约单位**

立约单位即签订合同双方当事人名称，位于标题下方。名称要写全称，习惯上并排写并注明一方（付款方）为“甲方”“供方”“卖方”“发包方”“出租方”等，另一方（收款单位）为“乙方”“需方”“买方”“承包方”“承租方”等。

3. **正文**

正文包括引言、主体、附则、附件等。

（1）引言。引言也称立约开头语。一般写明双方签订合同的目的或依据。一般有以下四种形式：

①突出目的。如：甲方委托乙方承建××大楼一幢，为使工程顺利完成，经

双方协商，签订本合同，以资共同恪守。

②突出依据。如：根据《中华人民共和国合同法》等规定，经协商一致，同意签订本合同。

③突出制定过程。如：经双方协商，同意就下列房地产租赁事项订立本契约。共同遵守。

④目的与根据结合。如：为了促进茶叶生产，繁荣市场，根据《合同法》的有关规定，经双方协商，订立本合同，以资共同信守。

（2）主体。主体就是条款部分，也是经济合同的最主要部分。根据《中华人民共和国合同法》第二章十二条之规定，经济合同的主要条款如下：

①标的。标的是经济合同当事人双方权利义务所共同指向的对象，即经济往来中的具体目标物。根据合同的不同种类，或是货物或是货币或是财产或是工程项目或是劳务等。标的物必须明确、具体、肯定、合法。

②数量和质量。数量和质量是标的的具体化。数量是标的的具体指标，即量的具体规定，如产品数量、完成的工作量、贷款的金额等。质量是标的的具体特征，是标的内在素质和外观形态的综合，如产品的品种、型号、规格、质地、等级、性能和工程项目的标准等。质量条款必须符合《标准化法》和有关质量管理的法规。此外，质量条款中应明确产品质量的检验方法、试验方法、动植物检疫方法、验收期限等。

③价款或酬金。价款或酬金简称价金，是当事人一方向付标的的一方支付的货币。价款通常指购销产品的货币、财产租赁的租金、借款的利息等。酬金通常指加工承揽费、仓储保管费、货物运输费等。标的的价金国家有规定的，按规定计价；国家规定可以浮动或没有规定的可由当事人双方协商确定。

④履行期限、地点和方式。期限是合同履行的时间范围。也就是当事人双方按合同规定全面完成各自义务的时间。地点是当事人履行合同的场所；方式是指当事人完成合同义务的方法。不同类型的合同有不同的履行方式。履行方式包括时间方式与行为方式，前者是指履行完毕的时间，是一次履行，还是分批分期；后者是交付标的的方式，是送货、自提，还是代办托运等。

⑤违约责任。违约责任是指当事人，因过错而不履行或不完全履行合同时应承受的经济制裁。如偿付违约金、赔偿金，应负的意外事故责任及法律责任等。它是促使当事人双方认真履行合同的保证，也是对受损害者的合法权益的保护。

（3）附则。附则是紧接“主体”的续文。一般要写明合同的有效期限、合同份数、合同的补充说明。

（4）附件。附件指合同附表格、图纸、实样、批文等。

4．落款

落款主要包括签署和日期。签署，由立约单位、法人代表、代理人签名盖章。日期，是指签订合同的具体时间。有的合同还要写上签约单位的地址、电话以及开户银行和账号等。需经主管部门批准的合同或当事人申请签证或公证的合同，还要有主管部门、签证或公证机关的签章。

五、经济合同的写作要求

签订经济合同既是一种经济行为，也是一种法律行为，它关系到当事人的经济利益和法律责任，必须慎重行事。根据《经济合同法》的规定和长期的实践，起草经济合同应注意以下几点。

1．必须遵循国家的法令法规

合法有效是经济合同成立的前提。所谓合法就是要求合同的内容、签订的程序和具体的条款，都要符合国家的法律和行政法规，《经济合同法》第四条规定："订立合同，必须遵守法律和行政法规。任何单位和个人不得利用合同进行违法活动，扰乱社会经济秩序，损害国家利益和社会公共利益，牟取非法收入。"否则所签订的合同就是无效合同。

2．必须遵循平等互利、协商一致、等价有偿的原则

经济合同是协作关系的具体反映，合同的双方当事人平等地享有权利和承担义务，任何一方都不可把自己的意志强加给对方，也不允许无偿地占有对方财产。任何在欺诈、威吓、胁迫手段下签订的合同都是无效的。

3．合同的条款必须具体、明确

合同的内容，分条款一一列清，必须写得具体、明确，不遗漏，不含糊。比如，标的物不仅要写明数量，而且要明确计量单位；不仅要标明品种、规格、型号，而且还要说明质量的技术要求和标准。价金要有计算标准与结算方式。其他的如包装（材料、解决办法）、运输方式、保管、交货日期及合同双方当事人所承担的责任必须具体、明确。否则，就会出现不必要的纠纷。

4．不得随意涂改

合同的书写必须清楚无误，一经写成正式的合同，就不能随意涂改。如发现错漏或特殊情况，需要修改或补充时，必须在双方协商同意的情况下进行，并在改动处加盖双方印章，方为有效。

六、例文样式

[例文一]

工业产品买卖合同书

供方：　　　　　　　　　　　　　　　　　　　　合同编号：
需方：　　　　　　　　　　　　　　　　　　　　签订日期：　　年　月　日
签订地点：

经充分协商，签订本合同，共同信守。

一、产品名称、数量、价格：

型号、规格或花色、品种等级、计量单位、数量单价、产地、折扣金额、合计金额（人民币）　仟　佰　拾　万　仟　佰　拾　元　角　分。

二、质量、技术标准和检验方法、时间及负责期限：

三、交（提）货日期：

四、交（提）货及验收方法、地点、期限：

五、包装标准、要求及供应、回收、作价办法：

六、运输方式、到达港（站）及运杂费负担：

七、配件、备品、工具等供应办法：

八、超欠幅度：交货数量超欠在　%范围内，不作违约论处。

九、合理磅差、自然减（增）量的计算：

十、给付定金数额、时间、方法：

十一、结算方式及期限：

十二、保险费：以　方名义，由　方按本合同总值　%投保，保险费由　方负担。

十三、违约责任：供方不能交货，需中途退货的，向对方偿付不能交货或中途退货部分货款总值　%的违约金。

十四、其他：

未尽事宜，均按《中华人民共和国经济合同法》和《工矿产品购销合同条例》规定执行。

供方：　　　　　　　　　　　　　需方：
代表：　　　　　　　　　　　　　代表：
　　　　　　　　　　　　　　　　　　时间：　　年　　月　　日

[例文二]

仓储合同

订立合同双方：
保管方：
存货方：

保管方和存货方根据委托储存计划和仓储能量的情况，双方协商一致，签订合同，共同信守。

一、储存货物的名称、规格、数量、质量。

1. 货物名称：

2. 品种规格：

3. 数量：

4. 质量：

5. 货物包装：

二、保管方法：根据有关规定进行保管，或者根据双方协商方法进行保管。

三、保管期限：从　　年　　月　　日至　　年　　月　　日止。

四、验收项目和验收方法。

1. 存货方应当向保管方提供必要的货物验收资料。否则，发生货物品种、数量、质量不符合合同规定时，保管方不承担赔偿责任。

2. 保管方应按照合同规定的包装外观、货物品种、数量和质量，对入库货物进行验收，如果发现入库货物与合同规定不符，应及时通知存货方。保管方验收后，如果发生货物品种、数量、质量不符合合同规定时，保管方应承担赔偿责任。

五、入库、出库手续：按照有关入库、出库的规定办理，如无规定，按双方协议办理。

六、损耗标准和损耗处理，按照有关损耗标准和损耗处理的规定办理，如无规定，按双方协议办理。

七、费用负担和结算办法……

八、违约责任。

1. 保管方的责任

(1) 货物在储存期间，由于保管不善而发生货物灭失、短少、变质、污染、损坏的，负责赔偿损失。如属包装不符合合同规定或超过有效储存期而造成货物损坏、变质的，不负赔偿责任。

（2）对危险物品、易腐货物，不按规定操作或妥善保管，造成毁损的，负责赔偿损失。

（3）由于保管方的责任，造成退仓或不能入库时，应按合同规定赔偿存货方运费和支付违约金。

（4）由保管方负责发运的货物，不能按期发货，赔偿存货方逾期交货的损失；错发到货地点，除按合同规定无偿运到规定的到货地点外，并赔偿存货方因此而造成的实际损失。

2. 存货方的责任

（1）易燃、易爆、有毒等危险物品和易腐物品，必须在合同中注明，并提供必要的资料；否则造成货物毁损或人身伤亡，由存货方承担赔偿责任甚至刑事责任。

（2）存货方不能按期存货，应偿付保管方的损失。

（3）超议定储存量储存或逾期不提时，除交纳保管费外，还应偿付违约金。

九、由于不能预见并且对其发生和后果不能防止或避免的不可抗力事故，致使直接影响合同的履行或者不能按约定的条件履行时，遇有不可抗力事故的一方，应立即将事故情况电报通知对方，并应在数天内，提供事故详情及合同不能履行，或者部分不能履行，或者需要延期履行的理由的有效证明文件，此项证明文件应由事故发生地区的公证机构出具。按照事故对履行合同影响的程度，由双方协商决定是否解除合同，或者部分免除履行合同的责任，或者延期履行合同。

保管方：（公章）
代表人：（盖章）
地址：
开户银行：
账号：
存货方：（公章）
代表人：（盖章）
地址：
开户银行：
账号：

［例文三］

承揽合同

签订日期：　　　年　　月　　日

定做方：（甲方）（公章）地址：

代表人：　　　　　　　　　　电话：

承揽方：（乙方）（公章）地址：

代表人：　　　　　　　　　　电话：

经甲、乙双方充分协商，特签订本加工承揽合同如下：

一、承揽人按下表完成定做方要求的任务：

品名、规格、单位、数量、加工费单价金额。

二、定做人员按下表供应原材料：

……

原材料产品规格、单位数量、成品单位耗用时量。

……

三、技术资料、图纸提供办法：

四、产品检验标准和方法：

五、交货地点及运转办法、运杂费用负担：

六、货款及费用结算办法及期限：

七、本合同自双方签订之日起生效，合同履行完毕即失效。在合同执行期间，双方不得随意变更和解除合同。如一方提出修改或停止执行，必须经双方协商一致，方能生效；否则应承担违约责任，并付违约金　　元，如由此而造成了损失则应赔偿损失。

甲方：　　　　　　　　　　　　乙方：

代表：　　　　　　　　　　　　代表：

[例文四]

建筑安装工程设计合同

工程名称：
委托单位：
设计单位：
设计编号：
合同编号：

年　　月　　日订

订立合同双方：
建设单位：（以下简称发包方）
设计单位：（以下简称承包方）

双方根据《中华人民共和国合同法》及建筑法规的规定和批准的计划任务书，以及本设计的具体情况，经过充分协商，特签订本合同以便共同遵守。

一、工程名称、规模、投资额、建设地点

发包方委托承包方承担工程的设计项目，建筑安装面积　　平方米，批准总投资为　　万元，建设地点在　　　　　　　。

二、发包方的义务

1. 发包方应在　　年　　月　　日以前，向承包方提交业经上级批准的设计任务书、工程选址报告，以及原料（或经过批准的资源报告）、燃料、水、电、运输等方面的协议文件和能满足初步设计要求的勘察资料，需要经过科研取得的技术资料，以及有关设备的技术资料，发包方对上述资料必须保证质量，不得随意变更。

2. 及时办理各设计阶段的设计文件审批工作。

3. 在工程开工前，发包方应组织有关施工单位，由承包方进行设计技术交底；工程竣工后，发包方应通知承包方参加竣工验收。

4. 在设计人员进入施工现场进行工作时，发包方应提供必要的工作条件，并在生活上予以方便。在设计施工过程中因技术上的特殊需要进行试验，所需一切费用以及为配合发包方到外地的差旅费均由发包方负责。

5. 发包方必须维护承包方的设计文件，不得擅自修改；未经承包方同意，发包方不得复制、重复使用或擅自扩大建设范围。发包方有义务保护承包方的设计版权，不得转让给第三方重复使用。

三、承包方的义务

1. 承包方必须在　　年　　月　　日以前，向发包方交付初步设计文件；

在　　年　　月　　日以前，向发包方交付技术设计文件；在　　年　　月　　日以前，向发包方交付施工图设计文件。其中，初步设计文件一式　份，技术设计文件一式　份，施工图设计文件一式　份，发包方另需增添文件份数和需要模型，另行收费。　　年　　月　　日以前，承包方须向发包方提交完毕所有设计文件（包括概预算文件、材料设备清单）。（大型建筑安装工程，双方可视具体情况分阶段进行设计，在具备设计条件时，双方签订阶段设计合同，具体规定发包方应提交各阶段设计资料的名称和日期，承包方交付设计文件的日期，作为本合同的附件，详见附件 2）

2. 承包方必须根据批准的设计任务书或上一阶段设计的批准文件，以及有关设计技术经济协议文件、设计标准、技术规范、规程、定额等提出勘察技术要求和进行设计，提交符合质量的设计文件。

3. 初步设计经上级主管部门审查后，在原定任务书范围内的必要修改，承包方应负责承担。

4. 设计单位对所承担设计任务的建设项目应配合施工，进行施工前技术交底，解决施工中的有关设计问题，负责设计变更和修改预算，参加隐蔽工程验收和工程竣工验收。

四、设计的修改和停止

1. 发包方因故需要修改工程的设计，经承包方同意后，除设计文件交付时间另定外，发包方应按承包方实际返工修改工日，每日按　　元增付设计费，或按设计阶段中返工的工作量百分比计算。

2. 原定任务书如有重大变更而重做或修改设计时，须具有设计审批机关或设计任务书批准机关的意见书，经双方协商，另订合同，已经进行了设计的费用的支付，按前条办法计算。

3. 发包方因故要中途停止设计时，应及时用书面通知承包方，已付设计费不退，并按承包方阶段的实际耗工日，增付和结清设计费，同时结束合同关系。

五、设计费用的数额及交付办法

本设计合同生效后　　天内，发包方应向承包方交付相当于设计费 20% 的定金，设计合同履行后，定金抵作设计费；承包方向发包方提交初步设计方案后　　天内，发包方应向承包方支付　　% 的设计费；承包方向发包方提交施工图文件后　　天内，发包方应向承包方结清全部设计费（设计周期较长的大型工程项目，施工图阶段的设计费，可按单项工程设计完成后分别拨付）。

六、奖励与违约责任

1. 在合理的工程投资控制数内，由于承包方采用先进技术或合理建议而节省了工程投资，可以从节约投资额中提取　　%奖励承包方。

2. 由于发包方不能按期、准确提供有关设计资料，致使承包方无法进行设计或造成设计返工，承包方除可将设计文件交付日期顺延外，还应由发包方按承包方实际损失工日，以每日　　元计算增付设计费。

3. 由于承包方的原因，延误设计文件的交付时间，每延误　　天，承包方应向发包方偿付相当于设计费　　%的违约金（发包方可以从设计费中扣除）。

4. 因承包方设计质量低劣引起返工，应由承包方继续完善设计任务，并视造成的损失浪费大小减收或免收设计费。对于因承包方设计错误造成工程重大质量事故的，承包方除免收受损失部分的设计费外，还应付予直接受损失部分设计费相等的赔偿金。

本合同自　　年　　月　　日双方签字后生效，全部设计任务完成后失效。本合同如有未尽事宜，需经双方共同协商，作出补充规定。补充规定与本合同具有同等效力。但不得与本合同内容抵触。在合同执行中如发生纠纷，双方应及时协商解决。协商不成时，双方属于同一部门的，由上级主管部门调解；调解不成，或不属于同一部门的，可向国家规定的合同管理机关申请仲裁，也可以直接向人民法院起诉。

本合同正本一式两份，双方各执一份；合同副本一式　　份，送计委、建委、建行等单位各留存一份。

建设单位（发包方）：（盖章）
代表人：（盖章）
设计单位（承包方）：（盖章）
代表人：（盖章）

年　　月　　日订

思考与练习

1. 什么是经济合同？它有哪些特点？
2. 经济合同的主要条款包括哪些内容？
3. 签订经济合同应注意哪些事项？
4. 请将本节例文四，即《建筑安装工程设计合同》制成表格形式。
5. 阅读下面这份合同，指出其不足，并改之。

订货合同

立合同单位：　　　　　　　　　　×××百货公司赵经理

×××电扇厂

我方向×××电扇厂订购以下货物，经双方协商订立合同如下：

货物名称：××牌落地电扇

订货数量：××台

货物单价：××元/台

货款总额：××元

交货日期：××××年××月

交货地点：××市

付款方式：分期付款

损失赔偿：交货后如发现产品确因不合要求造成我方损失，由厂方负责赔偿；无法销售的，厂方包换。

签订合同时间：　　　　　　　　　××××年××月××日

×××经理（印章）

×××厂长（印章）

第三节　经济广告

经济广告是市场经济发展的必然产物。商品产家或商家为了向广大消费者传递商品或某种服务信息，最终实现其商业目的，常常借助一定的媒介，诸如电视、电台、报纸等进行宣传。在激烈的商战中，这种宣传已经成为开拓市场、塑造企业形象、提高社会效益和经济效益的重要手段。因此，所谓的经济广告，就是通过一定的媒介，传递以事实为依据的某种商品或服务信息的经济宣传手段。

经济广告根据传播的媒介不同，可分为报纸广告、杂志广告、电视广告、橱窗广告、路牌广告等形式，但无论采取什么形式，都离不开语言文字来展示广告的主题和创意，都以文字广告写作为依托。因此，文字广告应是一切广告形式的基础。

一、经济广告的作用

1．**传播信息，引导消费**

企业的成败主要看它是否能占领市场，而占领市场首先要把商品的信息迅速、频繁地传递到市场，传递到消费领域，广告就是很有效的传递手段。可以说广大的消费者大都是根据广告所提供的商品信息，了解商品的特点、性能，并购买所需商品的。

2．**加速流通，提高竞争力**

广告能及时地传递市场信息，沟通产、供、销渠道，指导产品的流向，减少产品积压，加速资金周转，提高企业的经济效益。企业也通过广告宣传获得了知名度，提高了企业的竞争力。所以，所有的企业无不重视广告宣传。

3．**发展外贸，扩大交流**

广告宣传可以迅速及时地传递国内市场的最新动态，便于企业的决策者抓住机遇，瞄准国际市场，及时组织生产和出口，发展对外贸易，增加外汇收入。同时，企业也可以根据广告提供的信息，加强与外国企业的生产合作与技术交流。

二、经济广告的特点

1．**目的性**

经济广告是用来介绍、宣传商品和服务项目，以诱导、激发消费者的消费欲望与兴趣，最终达到扩大商品销售、实现赢利的商业目的。

2．**针对性**

广告的针对性是指广告的定位而言的。广告的设计和写作要针对一定的消费对象，因为不同的商品或服务项目都有不同的消费群体，所以在确定广告的内容和形式前，必须首先搞清商品的销售对象或服务对象。

3．**真实性**

真实性是经济广告的生命。广告是连接企业与消费者的桥梁，而架起桥梁的基础是诚信。企业的诚信往往表现在广告的真实上。以诚信争取消费者，是企业的成功之本，也是广告的成功之本。

4．**艺术性**

经济广告虽然是以商业为目的，但也讲究艺术性。一个好的广告从创意到表达都要求有艺术的独创性。上乘的创意，新奇、独特的表现手法，两者的完美结合便构成了吸引消费者的独特魅力。

三、经济广告的结构与写法

经济广告的结构包括标题、正文、落款和广告标语。

1. 标题

广告标题是广告的“文眼”，它是广告题旨和主要内容的集中表现。一般来说，广告标题的写作要求简明扼要、生动有趣、新颖别致、引人入胜。广告的标题有三种形式。

(1) 直接式标题。直接式标题就是把广告的内容用简洁的文字直截了当地告诉消费者，即直接用企业和产品的名称或企业经营的项目、服务内容等来命题。具体形式有如下几种：

①直名式。直名式即直接用企业或产品的名称命题。如某一药品广告“鼻康王”，某一酒楼广告“银龙阁海鲜酒家”。

②陈述式。如某一房地产公司广告标题“东华大厦正式发售”。

③祈使式。如“新一代脑康灵，愿君永远康灵”“欢迎选购家宝电器”等。

④劝诱式。如“给您一个温馨、漂亮的家——星宇装潢”。

(2) 间接式标题。间接式标题即不直接介绍企业和产品的名称，而是用委婉含蓄的手法点明产品的性能、特征等。具体形式有如下几种：

①描写式。描写式即用描写的手法，含蓄地介绍商品，如“盒中自有花满谷”(日本富士胶卷广告)。

②感叹式。感叹式一般是消费者以赞叹的语气来表达使用商品后的感受，如“动静皆风云”(奇瑞轿车广告)。

③颂扬式。颂扬式即显示了企业对商品性能、质量、款式等的自信与自豪，如“无限灵性 随拨而动”(CEC9656 移动电话广告)。

④询问式。询问式即通过设问以吸引消费者，如“不知来者是善是恶——人在家时，您安心吗?”(眼神监视器的广告)。

⑤抒情式。抒情式即把商品的性能融入家庭的温馨及亲情、友情之中，通过情感的抒发、渲染，唤起消费者的回忆与向往，如“真情付出 心灵交汇”(雕牌牙膏广告标题)。

⑥悬念式。悬念式即以悬念来吸引读者，如“初次见面，我以为是幻觉……”(文曲星广告)。

(3) 复合式标题。复合式标题即指把直接标题与间接标题结合起来的一种形式，如“天下攘攘皆为球往——《南方周末》之《世界杯特辑》推足球荣耀之波，助商家品牌传播之澜”。

2. **正文**

正文是广告的主体。广告的主题主要是通过正文的表述才得以实现的。广告的正文一般包括以下内容：

（1）介绍商品的品种、性能、特点、使用方法，或介绍服务宗旨、服务内容和服务范围，或介绍企业的概况、声誉、成就等。

（2）说明商品的构成成分、创作过程及商品的信誉、用户的评价，或说明服务的具体措施、方式及服务的质量等。

（3）写明商品出售或收购的时间、地点、接洽办法，或交货的日期、收费标准等。

（4）对消费者或服务对象的承诺等。

3. **落款**

落款是广告的附属性文字，又称“随文”，其内容包括广告单位名称、地址、邮编、电话号码、电挂、电传、银行账号、负责人或业务联系人等。

四、例文分析

［**例文一**］

飞利浦电动剃须刀广告

标题：儿女孝爸爸笑

正文：从小，爸爸就经常送给我各种心爱的礼物，每一次都让我兴奋雀跃。当我逐渐成长，却惊讶地发现，爸爸从来就很少给自己买东西。父亲节又到了。这正是一个很好的机会，我决定送爸爸一把天天用得着的飞利浦电动剃须刀，我的一点孝心，必能赢得爸爸最满意的笑容。

【简析】

这是一则描述式的广告。成功的广告总能激发消费者的情感和兴趣。这则广告通过女儿的内心独白，突出了父女情深，朴实、真切，让人感动。此广告曾获1983年广告文案金像奖。

［**例文二**］

文曲星广告

标题：光彩不言自溢

正文：相视的瞬间/我知道/不仅仅是幻觉/它/光彩夺目/如群星闪耀/优雅的

蔚蓝与动感的银白交相辉映/强大的网络下载功能/任你尽情畅游 Internet 世界/文曲星 NC-1020/让你的生活炫出个性！

金属质感前卫金属外壳/引领时尚先锋/小巧精致的造型/随身携带/随时使用都 easy。

网络下载可下载汉字词典、开机画面、游戏、各种生活资讯、电子图书、有声读物等，扩充各类专业词典无限多。四部词典内设约16 万英汉、10 万汉英、3 万英语、1 万成语词典，查询快捷简单。充电电池小型电子字典中独家采用镍氢充电电池，可持续超过40 小时。经济环保，一举两得。

Flash 内存容纳约25 万汉字的储存空间；首字母查询名片，快速新体验。

红外传播直接和手机、PDA、打印机、电脑等轻松对传信息，体验科技魅力。

文曲星全新上市现价：598 元。

北京金远见地址：北京市海淀区上地信息产业基地信息路1～2号

免费咨询电话：800-810-4668

各大商场均有售，全国联保质保一年。

【简析】

这是一篇诗歌体与简介体相结合的广告。标题是间接性标题，光彩、富有诗意。同时它又是广告诗的标题。广告诗主要突出文曲星的外形与网络功能两个特点，简介部分又分别从五个方面介绍了文曲星的特点、功能等。语言简练，介绍细致。

［例文三］

明基艺术液晶显示器广告

标题：唯美＋超薄科技＝诱惑

正文：美丽，叫人难以抗拒，就像一旦看到明基的 LCD，三厘米的窈窕身姿就会不断地出现在你的脑子里，这是个麻烦的状况。所以我们只好在美丽的身躯中，加入所有先进的功能，像高亮度对比，内置多媒体，超广视角，开机画面自动调整等。这样一来，你就不必再拒绝诱惑，完全可以让别人嫉妒一下。网址：www. BenQ. com. cn

广告语：明基 BenQ 享受快乐科技。

明基艺术液晶 FP557、FP567 现已隆重上市。

售前：0512-68251233-2292　售后：0512-68095919

【简析】

这则广告标题新颖而独特。正文采用了理性诱导与情感诱导的双重方式，在与消费者的交流中，娓娓道来，在亲切、自然的氛围中，既介绍了自己产品的特点和性能，又让读者感受到一份理解的快乐。

思考与练习

1. 什么是经济广告？它有哪些特点？

2. 经济广告正文常见的表现形式有哪几种？

3. 请为本校本专业的应届毕业生写一则广告。广告对象：需本专业人才的用人单位；媒体：报纸；要求：间接标题；正文、随文：突出人才素质、专业特长。

4. 请为下列产品或企业制作广告标语。

(1) 保险宣传标语。

(2) 乐陶陶纯净水。

(3) 中华轿车。

(4) 银行储蓄。

(5) 人人乐超市。

(6) 高路华彩电。

第四节　招标与投标文书

招标与投标是现代经贸活动之一。所谓招标就是在兴建工程或进行大宗的商品交易时，招标单位公布标准和条件，提出价格，招人承包或承买。所谓投标就是承包人或买主按照招标公告的标准和条件，提出价格填具标单。在招标与投标整个过程中涉及的各种文字或表格文书，统称为招标投标文书。

一、招标与投标的程序

一项招标投标活动包含着若干环节和步骤，要在法律的监督和保护下进行。

1. 筹备

筹备是正式招标前的准备工作，它包括以下三项内容。

（1）确定招标项目（标的）、招标指导思想，并向主管部门申请招标。经批准后，正式成立招标机构，配备工作人员。

（2）按规定制定标底，确定招标原则及方式方法。

（3）编制和报审招标文件。这一阶段工作，报审是前提，编制招标文件是中心。

2．招标

招标是招标者传递招标信息，投标者初步应标的阶段。

（1）招标者传递招标信息。招标方式有公开招标与邀请招标两者。前者通过报刊、广播、电台、网络等媒介发表招标公告；后者是招标者向有应标能力的若干（两个以上）单位发出信函邀请其参与投标，目的是为了保证招标项目完成的质量和工期。

（2）投标者向招标者报送投标申请书。凡自认为有应标能力的单位和个人均可申请。

（3）招标者对投标申请者进行资格审查，确定投标者。

（4）招标者向资格认可的投标者发售招标文件。大约在招标公告发表两星期后开始发售文件，并组织投标者勘探现场，介绍投标项目的概况，解答疑点等。

3．投标

投标是投标者投书报价阶段。获得投标资格的投标者填写投标单或撰写投标书，并密封交给招标单位。

4．开标

开标是中标的程序。

（1）按招标规定的时间、地点，在公证机关及有关部门、投标单位代表共同参与监督下，当众开标，公开标底、标价。

（2）评选小组以标底为依据评标，选出若干个预选中标单位。

（3）公证员宣读公证书，确认预选中标单位。

5．定标及订立合同

定标及订立合同是招标投标的最后一道程序。

（1）招标单位与预选中标单位再次协商。综合比较预选者的标价、质量、交货日期或工期及其他条件，从中选出最佳者，确定为中标者，并发出中标通知书。

（2）招标者与中标者签订合同。

二、招标文书的写法

招标包括招标申请书、招标公告或招标通知书、招标书、招标章程、招标说明书、标底书等，这里主要介绍招标公告、招标书的写法。

1. 招标公告的写法

招标公告，又称招标通告、招标广告、招标启事，是招标文书之一。其结构由标题、正文、签具和附件构成。

（1）标题。招标公告最常用的拟题法，有四种写法：

①由招标单位名称、招标项目和文种名称构成。如《××大学教学大楼施工招标公告》。

②由招标单位名称、文种构成。如《××公司招标通告》《××公司招标广告》等。

③由招标项目、文种构成。如《××大桥工程施工招标通告》。

④是广告性标题，以生动吸引人的语言，激发人们的投标欲望。如《给您一次梦想成真的机会，××广场设计招标即将开始》。

凡是由招标公司制作的招标公告，都须在标题的右下侧标明文书编号，以便归档和备查。编号一般由发文单位名称英文缩写、年度和招标通告顺序号组成。

2. 正文。正文由引言和主体组成。

①引言。一般揭示招标的缘由或目的和依据，说明招标项目或产品名称、规模和批量、招标范围，有的还指明资金来源等。如：

受××移动通信有限公司××分公司委托，××通信设备招标有限公司现就“××移动客户服务手册印刷品采购项目”所需“印刷品”进行公开招标。

②主体。招标公告的核心部分，通常采用条文式或分段式。一般要写清下列内容：

a. 招标项目的具体内容。购买大宗商品的招标，要写明商品的名称、型号、数量、规格等；工程建设项目的招标，要说明工程概况、规模、质量要求。总之，这部分内容要写得具体、明确、清楚，以便投标人作出抉择，从而使投标人达到招标的目的。

b. 招标的步骤。写明招标的起止日期，投标购买招标文件的时间、价格和方式、开标日期和地点等。

（3）签具。表明招标单位的名称、地址、电话、电挂、传真、邮编、联系人等。标题下方未注明日期的在此写上。

（4）附件。有的招标公告将一些繁杂的内容，如项目数量、工期、设计勘察资料等作为附件列于文后，或作为另发的招标文件。

与招标公告具有同等效力的招标邀请通知书，其内容与招标公告相类似。不同的是，通知书以书信体行文，标题直接写“招标邀请书”，正文有称谓（被邀请者的名称），开头有对被邀请者的评价，通常是表示赞赏。通知书文字更为简洁，语气更为恳切。

2．招标书的写法

招标书是提供有关招标项目具体情况和投标工作事项的文书。与招标公告相比，二者在内容、要求方面是一致的，但招标书要求写得比较具体。其结构也由引言、主体和签具三部分构成。

（1）引言。引言说明招标目的、依据和招标项目名称。引言要开门见山，简明扼要。其格式一般是：为了×××经××（主管单位）批准，××（招标单位）对××（招标项目）进行公开招标。

（2）主体。主体分条列项地写明招标内容。

①招标方式，即说明公开招标或邀请招标、指定招标。

②招标范围，是对招标对象的限制条件，是在国际范围招标还是限于国内、省内或市内，应予以说明。

③招标内容及具体要求。依据招标类别而定，有时根据情况列表说明，比如建筑工程承包招标内容一般应包括工程内容、范围、工程量、工期、地质勘察单位和工程设计单位等，可以列表说明。该类招标要求应包括工程质量等级、技术要求、对工程材料和投标单位的特殊要求、工程验收标准等。

④招标程序，即写出招标、议标、开标、定标的方法、步骤，有些程序还应注明时间、地点。

⑤招标过程中的权利和义务。招标方审标、定标。投标方要严格遵守招标书的要求，中标后不得改变中标内容。

⑥双方签订合同的原则。包括签订、变更、解除、终止合同的条件和法律程序及时间等。

⑦组织领导。有的招标书要求写明招标领导机构和办事机构的情况及联系人姓名。

⑧其他事项。一般是上述内容未尽事宜，或投标方应注意的事项。

（3）签具。签署招标单位名称、地址、电话、电挂、传真、邮编、联系人等。落款单位可以是招标单位的主管部门或承办部门。

3．招标文书的写作要求

（1）内容合法合理，切实可行。招标书的要求和应知事项，要符合国家有关法律、法规、政策规定；技术质量标准要注明国际标准、国家标准、部颁标准或是企业标准；招标方案既要科学、先进，又要适度、可行。

（2）重点明确，内容周全。招标项目（即标的）是招标书的核心内容，对其有关情况、招标范围、具体要求，都要写清楚。如建设项目，应写明工程名称、数量、技术质量要求、进度要求，甚至建筑材料的要求等。该写的一定要写全，尽可能周到，没有空子可钻。

（3）表达要准确简明。语言表述应简明、准确。无论是定性还是定量说明，都应准确无误，没有歧义，尽可能使用精确语言，而少用模糊语言。

三、投标文书的写法

投标文书是投标者编制或填写的不同文书的总称。它包括投标申请书、投标企业简介（资格审查书）、投标书（标函）等。这里主要介绍招标申请书、投标书的写法。

1. 投标申请书的写法

投标申请书，是投标者在招标公告或招标通知书规定的时限内递交的申请参加投标的文书，是供招标者审定资格的。只有当它获准之后，投标者才能写标函，参加投标。

投标申请书由标题、称谓、正文、签具、附件构成。具体写法如下：

（1）标题。写明投标申请书即可。

（2）称谓。对招标者的称呼，写在标题下方，顶格写。

（3）正文。表示参与投标的意愿、要求及有关保证。一般格式如下：我公司决定参加××××××项目的投标，对××××××，保证遵守招标书的各项规定，完成任务。

（4）签具。投标属于重大的经济活动，因此需要双重签具，即法人签署、用印与法人代表签署、用印，并写上日期。

（5）附件。这是投标者的资格说明。它包括对投资者基本情况的介绍，以及与招标项目有关的经历、资历、能力等。投标企业资格审查表，有的由招标单位统一印发。投标者填写后，随申请书递送招标单位。

2. 投标书的写法

投标书是按照招标文书提出的条件和要求，向招标者报价并填写标单的标书。它要求密封后邮寄或派人送给招标单位，故又称标函。投标书有表格式、说明式和综合式等写法。具体结构形式如下：

（1）标题。常见的三种写法：

①直书《投标书》或《标书》《标函》。

②由投标单位名称和文种名称组成。如《××公司投标书》。

③由投标项目名称和文种名称组成。如《承建×××大学图书馆的投标书》。

（2）正文。

①引言。揭示投标依据，简要表明投标的态度，并常以“说明如下”领起主体。一般格式如下：

根据×××的要求，我（公司）完全具备×××条件，决定对此项×××投标，具体说明如下。

②主体。主体是投标书的核心部分，要依照招标文书的要求，认真细致地写好如下内容：

a. 投标项目的具体指标。对不同类型标的的投标项目，所需要写明的指标是不同的。如果是投标大宗货物，应该写明保证按合同履行责任义务等；如果是投标承包企业，就要写明生产指标、利润指标、税金指标、费用率、利润率、周转资金等各项经济指标；如果是投标建筑工程，就要写明工程的总报价及对价格组成的分析，计划开工和竣工的日期，主要材料指标，施工组织和进度安排，保证达到的工程质量标准，投标单位的技术力量与设备力量等。

b. 实现指标、完成任务的技术组织措施。这部分是指标任务完成的保障。

③结语。一般以建议为结语，即对招标者提出要求，请求招标者上级主管部门予以支持配合等。

（3）附件。投标书一般有附件，就建筑工程投标书而言，主要有两个部分：一是工程清单或单位工程主要部分标价明细表；二是单位工程主要材料、设备标价明细表。一些重要的大型工程还要附上投标保证书。

（4）签具。写清投标单位名称、地址、电话、电挂、传真、邮编等，以便招标者联系。

表格式投标书，一般是招标者制发的，投标者只要按要求填写即可。许多投标文书制有封面，封面上填写招标单位、招标项目名称、投标单位名称和负责人姓名（或法人代表姓名），在封面的右下角写上投标书送投日期。

3. 投标文书的写作要求

（1）情况要摸清。招标范围、规定、招标方式，乃至招标书的格式等和实际情况，对招标项目作周密调查研究和精确计算，了解市场信息，做到知己知彼。成本核算要合理，报价要恰当，有竞争力。

（2）自我介绍要实在。

（3）内容表述要规范。要注意与招标书相对应，对招标条件和要求作出明确回答和说明，不可残缺。数字要精确。

（4）要堵塞漏洞。要防止投标书中有漏洞，比如未密封或未加公章，或者负责人未加印章，或者保证完工的时间与招标规定不符等。

四、例文分析

［例文一］

××大学修建图书馆楼的招标通告

××大学经上级主管部门批准，拟修建一座图书馆楼，××××年××月××日起开始建筑招标。现将具体事宜告知如下：

1. 工程名称：××大学图书馆楼。

2. 建筑面积：××平方米。

3. 施工地址：××市××路××号。

4. 设计及要求：见附件。

5. 材料中钢材、木材、水泥由招标单位供应，其他由招标人自行解决。所需材料见附表。

6. 交工日期：××××年××月××日。

7. 凡愿投标的国营、集体建筑企业，只要有主管部门和开户行认可，具有相应建筑施工能力者均可投标。

8. 投标人可来函或来人索取招标文件。

9. 投标人请将报价单、施工能力说明书、原材料来源说明书以及上级主管部门的有关签证等密封投寄或派人直送我校基建处招标办公室。

10. 招标截至××××年××月××日止（寄信以邮戳为准）。××月××日，在我校办公楼会议室，在××市公证处公证下启封开标。

××大学基建处（印章）
××××年××月××日

【简析】

这份招标公告格式规范。正文的开头明确了招标的依据与项目。主体部分将项目名称、地点、面积、工期、设计和质量要求等多项内容逐条列出。最后简明扼要地说明了投标人须知事项。三个部分完整而连贯，突出招标公告鲜明的目的性和告知性。

[例文二]

××大学图书馆楼工程投标书

一、根据××大学图书馆楼工程施工招标书和设计图的要求，我公司决定对此项工程投标。具体说明如下：

工程名称	建筑面积	层数	结构	跨度	高度	宽度	设备
图书馆楼	××（m^2）	主体7，附楼3	框架	××（m）	××（m）	××（m）	1. ×× 2. ×× 3. ××

二、标价：（略）

三、主要材料耗用指标：（略）

四、总造价：××××××××元，每平方米造价××××元。

五、工期：

开工日期：××××年×× 月×× 日

竣工日期：××××年××月××日

施工日历天数：×××天

六、工程计划进度：（略）

七、质量保障：（略）

八、主要施工方法和安全措施：（略）

九、对招标单位的要求：

招标单位提供临时设施，我们将合理使用。

投标单位：（章）

负责人：（章）

联系人：

电话：

地址：

【简析】

这是一份建筑工程投标书。引言说明了投标的依据，表明意愿，言简意赅。主体九项内容既写清了投标项目的具体指标，又列出了实现的指标、完成任务的技术措施。内容周全，表达清楚。

思考与练习

1. 招标与投标有哪些程序?

2. 招标书的主体包括哪些内容?

3. 投标书的主体包括哪些内容?

4. 根据下列材料，以×××大学实验大楼建筑工程筹备处的名义，写一份工程设计招标公告。有关内容可以虚拟。

经上级批准，×××大学拟建实验大楼。建筑面积×××平方米，楼高××层，建筑地点在校园北侧。要求由甲级设计单位，并成功地设计过类似项目的设计单位投标设计。欲投标者请于××××年××月××日前到×××大学实验大楼建筑工程筹备处（主楼×楼×××号）面洽。联系人：×××。联系电话：×××××××。

五、上面的招标公告写好后，请根据公告里的要求，以×××建筑设计院的名义写一份投标书。

第六章　学术论文的写作

第一节　学术论文的含义和种类

一、什么是学术论文

《中华人民共和国国家标准》的“科学技术报告、学位论文和学术论文的编写格式”中，将学术论文定义为：“学术论文是某一学术课题在实验性、理论性或观测性上具有新的科学研究成果或创新见解和知识的科学记录；或是某种已知原理应用于实际中取得新进展的科学总结。”

除专业人员撰写的学术论文外，本科生，硕士、博士研究生的学位论文，也可列入此类。

二、学术论文的特点

1．学理性

学术论文是对研究对象的现状与历史、组分与系统、表象与本质、实践与理论等进行深入探讨的说理性论文，因此必须重视其学理性。首先是要有理性化的逻辑思维，层层推进，步步深入，形成严密的理论构架，而不是简单的随想和表态，或是感情的宣泄，更要防止逻辑混乱，前后矛盾；其次是言必有据，观点与论据有机结合，不能一味凌虚高蹈，更不可信口开河，黑白颠倒。

2．创见性

学术论文应有作者自己的创见，或在资料上有新发现，或在观点上有新见解，或通过学术辩难使理论澄明，等等，而不是复述已有的理论和资料，炒现饭。这也就是学者们常常提到的，可以在前人的基础上“接着讲”“反着讲”，但不要总是“照着讲”。对本科生的学士论文，在创见性的要求上可以不像一般学术论文那样高，但也要有所发现。没有创见性，学术论文的价值和生命力也就无从谈起。

特别要指出的是，学术论文要严格杜绝对他人成果的剽窃、抄袭。剽窃、抄袭是反学术的行为，是学术之耻。

3．**规范性**

学术论文有很强的规范性，体现在学术态度、文本格式等方面。就学术态度而言，学术论文必须尊重他人成果，凡引用（明引或暗引）他人成果必须加以注明；就文本格式而言，学术论文的摘要、关键词、参考文献、注释、附录、署名等都有相应的国家标准要求，应认真遵守。可参见《中华人民共和国国家标准》：“科学技术报告、学位论文和学术论文的编写格式”及《参考文献标注规范》等。

三、学术论文的种类

1．**按研究领域的不同，可划分为社会科学论文和自然科学论文**

（1）社会科学论文。社会科学领域包括政治、经济、哲学、社会学、军事、教育、文学、艺术、宗教、语言等。凡是传递表达社会科学领域研究成果的论文都属社会科学领域的范畴。

（2）自然科学论文。凡是陈述传达理、工、农、医等学科领域的研究成果的文章都可以称为学术论文或科技论文。

2．**按写作的功用和目的不同，可划分为传播性论文和水平检测性论文**

（1）传播性论文——以传播、发表研究成果为目的的论文。一般公开发表或在会议上宣读的论文都是传播性论文。

（2）水平检测性论文——以检验水平为目的的论文。比如学年论文、毕业论文、学位论文就是为检测考核学生水平的。这些论文如果发表，便成为传播性论文。

第二节　学术论文写作的几个环节

一、选择突破口，确定选题

学术论文选题的确定，是论文写作的第一步。确立学术论文的选题，也就是确定研究的目标和方向，所以有学者说，恰当的选题等于完成了论文的一半。

1．学术论文的选题原则

（1）选择有社会需要的课题。学术研究的目的，是为了认识世界、改造世界、推动社会进步，所以选题要着眼于社会现实的需要，以推动实际工作、解决实际问题作为研究工作的重要出发点。这不仅包括应用性和实践性较强的工科、医科等自然科学，也包括经济、文化、政治、法律、历史等社会科学。如《中国企业目前最缺什么?》《妇女在和谐社会建设建设中的作用》《市场经济条件下思想政治工作的思考》等，都是很有社会实践意义的选题。

（2）选择有科学价值的课题。学术论文选题除了要考虑较直接的实用价值外，还需要考虑学术价值。课题的学术性，是学术论文的重要特点。

有科学价值的课题包括新发现和新创造的带填补空白性质的开创性课题，纠正通说性质的课题，补充发展前人研究的延展性课题，归纳阐释前人研究成果的归纳性课题。这类课题都在一定程度上带有创造性、前沿性，相对来说，它的研究价值也就大些。著名物理学家李政道就曾说过："随便做什么事，都要跳到最前线去作战。"强调学术研究"了解人家做了什么并不是最重要的，最重要的是了解人家不会做什么"。实践也证明，科学上的空白区，往往是科研的丰收地带。

（3）选择主客观可能的课题。在浩瀚的科学研究领域中，有许多有价值、有意义的课题等待我们去发掘开垦，但在选题时，我们还要结合主客观条件来确定。能否成功地完成一项科研任务，除课题的价值意义外，还受到研究者主客观条件的制约，包括：①研究者的兴趣所在；②能否发挥研究者的学科专长；③选题的大小难易与自身的能力是否相适应；④研究的资料来源是否充足。这些因素都在不同程度上影响着课题的选择与确定。

（4）选择范围适中的课题。一篇学术论文的篇幅有限，不可能解决很多问题，只能集中谈一两个问题。所以选题不可太大，否则谈不深、论不透，无价值可言。同时，选题范围也不能太小，太小的范围就容易变成随笔或者感想，失去了作为学术论文应有的理论性和系统性。如下面一组关于鲁迅的研究论题，就有题目太大或太小的问题。

（1）试论鲁迅的文学创作。

（2）论鲁迅在中国文学史上的地位。

（3）鲁迅的《一件小事》。

（4）鲁迅《故乡》赏析。

2. 学术论文的选题方法

（1）抓住疑点难点，从有争议、有疑问的敏感问题中寻找选题。

（2）寻觅结合部，从某些交叉学科的结合部发现选题。

（3）探索学术最前沿，从别人未曾涉足或刚刚开始涉足的科学前沿探索选题。

（4）从偶发事件中，去捕捉问题，发现选题。

二、搜集、建立资料系统

准确地说，资料的搜集工作在选题之前就开始了，只有查阅相关研究领域的文献资料，了解学术动态，才能准确选题。选题一旦确立，大量的、系统的文献资料搜集工作也同时开始。资料是研究的基础，谁获取的资料多，谁就更有发言权。

怎样在浩渺的信息海洋中迅速收集你所需要的材料呢？捷径之一就是借助工具书，比如索引、书目、文摘、年鉴都是打开信息资料库的钥匙。

资料信息一般包括四种。

（1）与研究课题相关的原始资料。原始资料是开展研究工作的第一手资料，是最宝贵的。比如实验报告、调查报告、统计数据、观察日记、文学文本等。只有全面、准确地掌握第一手原始资料，才可能使研究建立在可靠的、坚实的基础上。

（2）前人已有的相关研究成果，从中了解前人已经做了什么。

（3）所研究课题的最新研究进展，从中了解别人尚未解决的问题、疑难的焦点等。

（4）相关学科的发展状况，作为研究的参照，也可做交叉学科的研究。

这四个方面的材料共同组成课题的资料系统。

三、确立论文构架，拟出写作提纲

提纲是论文的框架结构，能反映作者的思路和对材料的总体安排。先搭建论文框架，一方面便于修改、调整、补充论文内容；另一方面，能有效避免时间和精力的浪费。

例如：

《莎士比亚剧作中母亲形象的文化解读》写作提纲

导言：莎剧研究的盲点　　莎剧中的母亲形象

一、恶母形象：显露情欲、性格残忍

情欲显露与16—17世纪英格兰的女性观

性格残忍与西方传统医学对女性肌体的偏见

二、强母形象：干预社会事务，忽视“父亲之名”

干预孩子的社会事务

忽视“父亲之名”的权威

莎剧对强母形象的批判及其文化根源

三、良母形象：关爱子女、消除男性焦虑

良母特征：慈爱，关爱子女；忠贞，忠于丈夫

良母形象与近代早期英国社会对母亲的要求

忠贞品格与近代早期英国父权社会的男性焦虑

结论：莎剧母亲形象所反映的莎士比亚的性别视角、文化背景及历史局限

四、撰写论文初稿，写好绪论、本论、结论

初稿的撰写过程，是作者思维最活跃、最混乱的时期，也是脑力劳动最艰苦的时期。学术论文的基本思路是提出问题、分析问题、解决问题。体现在文章的结构上，分为三部分：绪论、本论、结论。

1. 绪论

绪论又称引论、导论、导言，是学术论文的开头。绪论主要是提出问题，用以统领全文，引出本论。绪论可以直接说明研究动机、目的和意义，也可以用设问、疑问的方式提出问题，揭示论点，对全文作概括性的论述。还可以从一种有代表性的说法、通论谈起，引出问题。绪论也可以对本论所论及的问题范围作出界定。绪论的任务是导入本论，所以要求简洁明了，引人注目，避免落笔太远，与本论衔接不紧。

［**例文一**］

宏观经济是由行业经济组成的，在宏观经济由繁荣到衰退周期性发生的背景下，在行业层面会表现出相应的规律，经济总量波动通过产业关联和供求关系在行业景气层面进行传导。我们整理了国内外在这方面的研究成果，并建立了我国的年度和月度行业景气指标体系，试图探索经济周期波动与行业景气变动之间的因果联系、传导机制与政策含义。

行业景气分析方法作为一种结构分析方法，有助于弥补总量分析方法的不足，完善经济形势分析的方法体系，提高经济形势判断的准确性和科学性，特别

重要的是，利用先行行业法有助于提高经济形势判断的前瞻性。

任泽平 陈昌盛《经济周期波动与行业景气变动的基本联系》国研视点 2011 年 4 月 12 日

[例文二]

改革开放以来，中国经济实现了年均近 10% 的增长，经济社会发展取得了举世瞩目的巨大成就。尽管如此，无论从国际通行的各项人均发展指标看，还是从经济和社会结构的状况看，中国无疑都属于发展中国家。然而，为什么"中国是发展中国家"这样一个简单事实，近年来竟然在国际上成为一个问题。为什么经常有一些组织和个人自觉不自觉地对中国的"发展中国家"身份提出疑问，甚至要求中国按发达国家的标准承担国际责任？对这个问题做出有理有据的回答，不仅有助于消除国际社会对中国所处发展阶段的误解，也有助于我们正确把握自身的国情特点，制定和实施符合实际的发展战略。

刘世锦等《为什么中国的"发展中国家"身份会成为一个问题》中国统计年鉴 2008

2. **本论**

本论是学术论文的主体，主要任务是对论文提出的问题从各个角度、各个方面进行分析、论证。要求材料充分，观点鲜明，阐述条理清晰，逻辑严密。

从内容看，学术论文的主体一般应该涉及这几个方面的内容：自己的观点及其论据；别人在这方面已做过的研究情况；研究这个论题应把握的重点、难点。

从形式看，学术论文主体的表述要有严密的逻辑性和明晰的条理性。首先，要准确把握文章内容大小层次间的各种内在联系，中心论点与分论点之间的关系是总分、主次、并列、因果、递进等，再用适当的小标题或数码加以区分。前者是把握文章内在的逻辑结构，后者是寻找具有结构作用的形式标志，两者必须协调一致。

本论内容的展开形式一般有并列式和掘进式两种。

并列式是将主要论题的几个横向性分题逐一加以论述。如前所举例《莎士比亚剧作中母亲形象的文化解读》的几个分论点之间，就是以并列关系存在的。

掘进式各部分内容有逐层深入的关系。例如，王纪人的《浅谈怪诞》一文就分"现实中的怪诞""艺术中的怪诞""美学中的怪诞"三部分，这三个部分就是依据美学品格的不同层次逐层深入展开的。

3. **结论**

学术论文的结论是全文的归结，文字宜干净利落。除了总括全文、强调要点外，还可以对自己或他人在这一领域的研究上如何进一步深入提出展望。例如《改革开放是马克思主义发展的强大动力》一文的结尾：

综上所述，改革开放与发展马克思主义辩证统一，相互促进，这是中共十七大报告的一个重大科学判断和概括论述。在新世纪新阶段，发展中国、发展社会主义、发展马克思主义，只能是坚持改革开放，而没有其他道路可走；中国的进步、社会主义的坚持和巩固、马克思主义的创新，系于改革开放的命运。实践永不停顿，理论创新没有止境。只有高举中国特色社会主义的伟大旗帜，坚持解放思想、实事求是、与时俱进，从理论和实践的结合上不断研究新情况、解决新问题、总结新经验、作出新概括，才能不断推进马克思主义的新发展，不断开辟马克思主义的新境界，谱写坚持和发展马克思主义的新篇章。

（林祖华 仇桂且《理论月刊》2010 年第 7 期）

这段话明显包含着两层意思：小结论文内容和主要观点，提出探讨研究的重点和方向。

初稿在写作时要尽量一气呵成，不要中断思路，不要在一个字一句话上纠缠，尽可能保证内容的丰富完整，以便修改。

五、学术论文的修改

修改是学术论文写作的最后一环。一般情况下，初稿完成后必须经过一到两遍的修改。论文修改主要从以下几方面进行。

1．论点的修正

论点是全文的关键所在，所以首先要围绕论点来进行。一是看论点是否正确，有无新意，表达是否清楚；二是看分论点与总论点的配合程度。分论点能否支撑总论点，分论点表达是否清楚；三是看其中的重要提法是否科学、妥当，是否有片面的、不实事求是的提法；四是看论点前后表达是否一致，有无互相矛盾，能否体现主题的单一性、完整性。

2．论证的检查

一看作为论据的材料是否确凿有力，是否能互相配合说明观点，是否安排得当，是否发挥论证作用；二看论证是否合乎逻辑；三看论证是否有说服力。

3．结构的调整

一看层次是否清楚，段落划分是否一致，各部分分量是否均匀；二看开头、结尾、过渡、标题等各个结构要素是否严密、和谐，是否共同指向中心论点。

4．文字的推敲

一看是否有错别字；二看语言是否得体；三看语言是否简洁、通晓、顺畅；

四看标点使用是否规范。

5．格式的审查

如前所述，规范的学术论文格式应该包括标题、作者、论文摘要、关键词、正文、参考文献等部分，应一一审查是否符合标准。

思考与练习

1．学术论文选题的基本要求是什么？分析评判下面这些选题的内容重点和论述角度，指出它们的优缺点。

《辩证和宽容——王蒙小说的哲学意味》

《历史尺度和道德尺度的二元对立》

《中国企业目前最缺什么?》

《读陈忠实的小说〈日子〉》

2．评析下面论文，并加以修改。

潮汕地域文化透视

内容摘要：潮汕文化是汉文化的一个地域性亚文化，它是以传统的中原汉文化为底蕴、海洋文化为特色的个性鲜明的地域文化。在漫长的历史发展进程中，原来属于不同种族、不同血缘的人们，在粤东北背山南濒海的地理环境里，碰撞、交流、融合，逐步形成了自己独特的文化特质与典型的文化基因。文化是历史长期积淀的产物，它有积极的一面，也有消极的一面。故在弘扬“潮汕文化”的同时，我们应该在优秀潮汕文化传统基础之上，通过合理扬弃、求同存异，扬优抑弊，增强潮汕文化的共融性，构建现代化进程中的新型潮汕文化，赋予它新的生命活力及时代意义。

关键词：潮汕文化 汉文化 文化遗泽 海洋文化 精细特色 文化发展

潮汕文化是华夏文化的组成部分，它基本上是中原文化的移植，是中原文化与潮汕地区土著文化长期交流融合的结果。潮汕文化的形成，体现了黄河流域中原文化不断南移落户的过程，而它的本身又散发着土生土长的潮汕地方特色。先秦时期，当中原文化历经数千年的发展而逐渐走向繁荣时期，而包括潮汕地区在内的“南蛮”之地，仍处在“地广人稀、饭稻美鱼，或火耕水褥”的落后状态。

从秦汉时期的戍卒到西晋永嘉之乱以后的历次移民浪潮，一批又一批的中原移民来到这“毒雾瘴气、日夕发作”的“岭外”滨海之地，与本地的先住民逐渐融合，在这具有先进文化和强大力量的种族吞并、聚合后进的、弱小的种族过程中，逐渐形成了一种具有独特的地域文化特质与带有浓郁地方特色文化基因的潮汕文化。

导论：潮汕地域文化特质

潮汕文化植根于远古的“南蛮”文化，其文化源最早可追溯到夏周时代的“闽文化”和秦汉时代的“闽越文化”，它逐渐形成为一种独立的文化，但始终却以中原文化占主导地位，具有厚重的中原汉文化底蕴。这一历史过程，始于晋朝，规范于唐宋。特别是闽文化的西渐以及韩愈、陈尧佐等“谪官”的刺潮后，潮州文人对中原文化产生了强烈的认同感，以后经历任官吏的倡导，加速了中原文化与潮汕土著文化的融合、同化过程。同时，由于潮汕背靠五岭、面向大海的特殊地理环境，使历代潮汕人民有可能将海洋文化和陆地文化有机地结合起来，并使之获得协调一致的发展。这种以陆海交融为根本特征的文化，其丰富的文化内涵，闪烁着独特的地方色彩。

一、厚重的中原汉文化底蕴

潮汕文化是中华主体文化背景下的亚文化或地域文化，具有强烈中原汉文化底蕴……

1．儒家思想的影响

“潮汕文化”是中华文化的一个分支，是比较后起的一个地域性文化，是中原文化与潮汕地区土著文化长期交流融合的结果，它自然受到传统的中华文化影响……

2．宗法思想的影响

中华民族长期在宗法社会的条件下生活……

二、开疆文化与移民文化遗泽

“潮汕文化是一个动态的开放体系。”它从“省尾国角”的“荒蛮之地”发展到享有“海滨邹鲁”美誉的礼仪之邦的过程，是开疆文化与移民文化的遗泽过程，也是移民文化和本地原住民文化经过多次互相影响、互相吸收而逐渐融合的过程。

1．入潮“谪官”与开疆文化

在古代有关记载岭南的文献中，在入潮的“谪官”中，对潮汕文化影响最为深远的便是唐代著名散文家、诗人、哲学家韩愈……

2．闽文化（福佬文化）的辐射

汉文化的潮汕地方亚型，随着宋元以后福建移民的迁入才逐渐形成……

三、丰富海洋文化内涵

潮汕地区地形东北和西北多高山丘陵，绵延起伏，东南涨海连天，有着很长海岸线的地理小区域。正是由于这种北背山南濒海的特殊的地理环境，使历代潮汕人民有可能将海洋文化和陆地文化有机地结合起来，并使之获得协调一致的发展。潮汕文化是“在中华主体文化的笼罩下大陆文化与海洋文化有机的结合”，是“大陆文明与海洋文明交融之后的绿色文明”。潮汕文化在秉承传统中原文化的同时，自身也洋溢着丰富的海洋文化内涵……

1. 优越的地理环境……

2. 开放的思想意识和相对宽松的政治环境……

3. 浓厚的海洋意识与顽强的开拓精神

潮汕南濒大海，面对潮起潮落，从古至今，勤劳的潮汕人便同大海结下了不解之缘……此外，潮汕地区还是中国著名的三大侨乡之一，这也是浓厚的海洋意识与顽强的开拓精神的另一个重要特征……

潮汕地域文化基因的精细、儒雅特色

精雕细琢的潮汕菜。潮汕人种田精细……

高洁雅致的潮汕功夫茶。潮汕功夫茶是“茶文化的高峰”，它“可以同潮州菜比肩齐名”，名闻海内外，它以功夫深而著称……

精巧优质的潮汕工艺美术。由于人多地少，生活空间狭迫，许多潮汕人转向手工业生产。潮绣、陶瓷、木雕、石雕、贝雕、根雕、竹制品、草制品、藤制品等工艺品工艺精湛，绚丽多姿，同潮剧、潮乐并称为潮汕文化三大精华……

细致优雅的潮州音乐。潮州音乐传统深厚，早在隋唐时代，中原音乐开始传入，与当地的音乐语言相互渗透，大约至明末清初，潮州音乐的演奏内容和形式日臻完善，到民国时期，已自成体系……

细腻清雅的潮州戏。潮州戏是潮剧的俗称，又称潮音戏，潮州白字戏。潮剧历史悠久，不论唱白都用潮州方言，影响遍及闽粤两省、港澳地区以及东南亚各国，是全国十大剧种和岭南四大剧种之一……

总之，潮汕地区具有人多地少、背山面海的独特而优越的地理环境，特别是人多地少的严重问题对潮汕人产生了巨大的生存压力，迫使潮汕人发挥自身的聪明才智，形成了精耕细作的生活方式；独特的环境也造就了潮汕人精细的思想意识和精明、儒雅的文化心态，大大影响了潮汕人的生活方式和思维方式。因此，精明的潮汕人创造了富有精细、儒雅特色的潮汕传统文化。

当代潮汕地域文化发展的思索

著名华人、心理学家杨国枢在论及中国人对现代化的反应时指出，适应是

"环境变动或变迁所引发之个体心理与行为的改变与拒变"，认为"以主动积极态度，寻求有效的解决之道"的因应反应，是文化适应的积极方式。在当代文化变迁中，为形成积极有效反应，潮汕文化应积极对传统文化扬优抑弊以及对传统文化进行与时俱进的嬗变，以适应当代文化的变迁。

对传统文化应扬优抑弊……

传统文化必须与时俱进地嬗变……

文化是由人创造的，同时又是历史长期积淀的产物。因而任何文化既有其积极的一面，又有它消极的一面。今天，我们研究潮汕文化，目的是宣扬优秀的文化传统，鼓舞潮汕人奋发进取，但在弘扬潮汕文化的同时，也应看到潮汕文化的某些消极的东西，理性认识，因势利导，使潮汕文化研究更上一层楼。本文对"潮汕地域文化"的若干问题，发表一点不成熟的意见。不妥之处，敬请批评指正。

附录一

国务院公文主题词表

（国务院办公厅秘书局　1997 年 12 月修订）

使用说明

为适应办公现代化的要求，便于计算机检索和管理公文，特编制《国务院公文主题词表》（以下简称词表）。词表主要用于标引国务院、国务院办公厅印发的文件和各地区、各部门上报国务院及其办公厅的文件。

一、编制原则

（一）词表结构务求合乎逻辑，具有较宽的涵盖面，便于使用。

（二）词表体现文档管理一体化的原则，即词表中主题词的区域分类和类别词可分别做为档案分类中的大类和属类。

二、体系结构

（一）词表共由 15 类 1049 个主题词组成，分为主表和附表两大部分，主表有 13 类 751 个主题词，附表有 2 类 298 个主题词。词表分为三个层次。第一层是对主题词区域的分类，如“综合经济”“财政、金融”类等。第二层是类别词，即对主题词的具体分类，如“工交、能源、邮电”类中的“工业”“交通”“能源”和“邮电”等。第三层是类属词。如“体制”“职能”“编制”等。第二层和第三层统称为主题词，用于文件的标引。

（二）1998 年 12 月和 1994 年 4 月修订的词表中曾列入本词表中而不再继续用作标引的主题词，用黑体单列在区域分类的最后部分。

三、标引方法

（一）一份文件的标引，除类别词外最多不超过 5 个主题词。主题词标在文件的抄送栏之上，顶格写。

（二）标引顺序是先标类别词，再标类属词。在标类属词时，先标反映文件内容的词，最后标反映文件形式的词。如《国务院关于加强水土保持工作的通知》，先标类别词“农业”，再标类属词“水土保持”，最后标上“通知”。

（三）一份文件如有两个以上的主题内容，先集中对一个主题内容进行标引，再对第二个主题内容进行标引。如《国务院关于在若干城市试行国有企业兼并破产和职工再就业有关问题的通知》，先标反映第一个主题内容的类别词“经济管理”，再标类属词“企业”“破产”；然后标反映第二个主题内容的类别词“劳动”，再标类属词“就业”；最后标“通知”。

（四）根据需要，可将不同类的主题词进行组配标引。如《国务院关于“九五”期间深化科学技术体制改革的决定》，可标“科技、体制、改革、决定”。

（五）当词表中找不出准确反映文件主题内容的类属词时，可以在类别词中选择适当的词标引。同时将能够准确反映文件内容的词标在类别词的后面，并在该词的后面加“△”以便区别。

（六）列在区域分类最后，用黑体标出的主题词只供检索用，不再用作标引。

（七）附表中的主题词与主表中的主题词具有同等效力，标引方法相同，不同的是，如果附表中所列的国家、地区的实际名称发生了变化，使用本表的各单位可先按照变化后的标准名称进行修改和使用。国务院办公厅秘书局将定期修订附表。

四、词表管理

（一）本词表由国务院办公厅秘书局负责管理和解释，具体工作由档案数据处承办。

（二）本词表自 1998 年 2 月 1 日起执行，1994 年 4 月修订的词表同时废止。

国务院公文主题词表

01．**综合经济**（77 个）

01A	计划						
	规划	统计	指标	分配	统配	调拨	
01B	经济管理						
	经济	管理	调整	调控	控制	结构	制度
	所有制	股份制	责任制	流通	产业	行业	改革
	改造	竞争	兼并	开放	开发	协作	资源
	土地	资产	资料	产权	物价	价格	投资
	投标	经营	生产	转产	项目	产品	质量
	承包	租赁	合同	包干	国有	国营	私营

集体	个体	企业	公司	集团	合作社	普查
工商	商标	注册	广告	监督	增产	效益
节约	浪费	破产	亏损	特区	开发区	保税区
展销	展览					

商品化　横向联系　第三产业　生产资料

02. **工交、能源邮电**（69 个）

02A　工业

冶金	钢铁	地矿	机械	汽车	电子	电器
仪器	仪表	化工	航天	航空	核工	船舶
兵器	军工	轻工	有色金属	盐业	食品	印刷
包装	手工业	纺织	服装	丝绸	设备	原料
材料	加工					

02B　交通

铁路	公路	桥梁	民航	机械	航线	航道
空中管制	飞机	港口	码头	口岸	车站	车辆
运输	旅客					

02C　能源

石油	煤炭	电力	燃料	天然气	煤气	沼气

02D　邮电

通信	电信	邮政	网络	数据		
民品	**厂矿**	**空运**	**三线**	**通讯**	**水运**	**运费**

03. **旅游、城乡建设、环保**（42 个）

03A　旅游

03B　服务业

饮食业　宾馆

03C　城乡建设

城市	乡镇	基建	建设	建筑	建材	勘察
测绘	设计	市政	公用事业	监理	环卫	征地
工程	房地产	房屋	住宅	装修	设施	出让

	转让	风景名胜	园林	岛屿			
03D	环保						
	保护区	植物	动物	污染	生态	生物	
	风景	**饭店**	**城乡**	**国土**	**沿海**		

04．农业、林业、水利、气象（56 个）

04A	农业						
	农村	农民	农民负担	农场	农垦	粮食	棉花
	油料	生猪	蔬菜	糖料	烟草	水产	渔业
	水果	经济作物	农副产品	副业	畜牧业	乡镇企业	农膜
	种子	化肥	农药	饲料	灾害	以工代赈	扶贫
04B	林业						
	绿化	木材	森林	草原	防沙治沙		
04C	水利						
	河流	湖泊	滩涂	水库	水域	流域	水土
	保持	节水	防汛	抗旱	三峡		
04D	气象						
	气候	预报	预测				
	烟酒	**土特产**	**有机肥**	**多种经营**	**牧业**		

05．财政、金融（57 个）

05A	财政						
	预算	决算	核算	收支	财务	会计	税务
	税率	审计	债务	积累	经费	集资	收费
	资金	基金	租金	拨款	利润	补贴	折旧费
	附加费	固定资产					
05B	金融						
	银行	货币	黄金	白银	存款	贷款	信贷
	贴现	通货膨胀	交易	期货			
	利率	利息	贴息	外汇	外币	汇率	债券
	证券	股票	彩票	信托	保险	赔偿	信用社

现金　留成　流动资金　储蓄　费用　侨汇　折旧率

06. **贸易**（52个）

06A　商业

商品　物资　收购　定购　购置　市场　集贸
酒类　副食品　日用品　销售　消费　批发　供应
零售　拍卖　专卖　订货　营业　仓库　储备
储运　货物

06B　外贸

对外援助　军贸　进口　出口　引进　海关　缉私
仲裁　商检　外商　外资　合资　合作　关贸
许可证　驻外企业
贸易　倒卖　外向型　议购　议售　垄断　经贸
贩运　票证　外经　交易会

07. **外事**（42个）

07A　外交

对外政策　对外关系　领土　领空　领海　外交人员　建交
公约　大使　领事　条约　协定　协议　议定书
备忘录　照会　国际　涉外事务　抗议

07B　外事

国际会议　国际组织　对外宣传　出访　出国　出入境　签证
护照　邀请　来访　谈判　会谈　会见　接见
招待会　宴会　外国人　外宾　对外友协　外国专家
涉外

08. **公安、司法、监察**（46个）

08A　公安

警察　武警　警衔　治安　非法组织　安全　保卫

	禁毒	消防	防火	检查	扫黄	案件	处罚
	户口	证件	事件	危险品	游行	海防	边防
	边界	边境					
08B	司法						
	政法	法制	法律	法院	律师	检察	程序
	公证	劳改	劳教	监狱			
08C	监察						
	廉政建设	审查	纪检	执法	行贿	受贿	贪污
	处分						
	侦破						

09. 民政、劳动人事（85 个）

09A	民政						
	基层政权	选举	行政区划	地名	人口	双拥工作	
	社会保障	社团	救灾	救济	募捐	婚姻	移民
	抚恤	慰问	调解	老龄问题	烈士	纠纷	残疾人
	墓地	殡葬	社区服务				
09B	机构						
	驻外机构	体制	职能	编制	精简	更名	
09C	人事						
	行政人员	干部	公务员	考核	录用	职工	家属
	子女	知识分子	专家	参事	院士	文史馆员	履历
	聘任	任免	辞退	退职	职称	待遇	离休
	退休	交流	安置	调配	模范	表彰	奖励
09D	劳动						
	就业	失业	招聘	合同制	工人	保护	劳务
	第二职业	事故					
09E	工资						
	津贴	奖金	福利	收入			
	老年	**简历**	**劳资**	**人才**	**招工**	**待业**	**补助**
	拥军优属	**丧葬**	**奖惩**				

10. 科、教、文、卫、体（73 个）

10A　科技

科学　技术　科普　科研　鉴定　标准　计量
专利　实验　情报　计算机　自动化　信息　卫星
地震　海洋

10B　教育

学校　教师　招生　学生　培训　毕业　学位
留学　教材　校办企业

10C　文化

文字　文史　文学　语言　艺术　古籍　图书
宣传　广播　电视　电影　出版　版权　报刊
新闻　音像　文物　古迹　纪念物　电子出版物

10D　卫生

医院　中医　医疗　医药　药材　防疫　疾病
计划生育　妇幼保健　检验　检疫

10E　体育

运动员　教练员　运动会　比赛
馆所　院校　校舍　地方志　软科学　社科

11. 国防（24 个）

11A　军事

军队　国防　空军　海军　征兵　服役　转业
民兵　预备役　军衔　复员　文职　后勤　装备
战备　作战　训练　防空　军需　武器　弹药
人武
退伍

12. 秘书、行政（74 个）

12A　文秘工作

机关	国旗	国徽	机要	印章	信访	督查
保密	公文	档案	会议	文件	秘书	电报
提案	议案	谈话	讲话	总结	批示	汇报
建议	意见	文章	题词	章程	条例	办法
细则	规定	方案	布告	决议	命令	决定
指示	公告	通告	通知	通报	报告	请示
批复	函	会议纪要				

12B　行政事务

行政	工作制度	纪念活动	庆典活动	休假	节假日	着装
参观	接待	措施	调查	视察	考察	礼品
馈赠	服务					
出席	**发言**	**转发**	**名单**	**批准**	**审批**	**信函**
事务	**活动**	**纪要**	**督察**			

13. 综合党团（54 个）

13A　党派团体

共产党	民主党派	共青团	团体	工会	协会	学会
民间组织	文联	妇女	儿童	基金会		

13B　统战

政协　民主人士　爱国人士

13C　民族

民族区域自治　民族事务

13D　宗教

寺庙

13E　侨务

外籍华人　归侨　侨乡

13F　港澳台

香港问题　澳门问题　台湾问题

13G　综合

整顿	形势	社会	精神文明	法人	发展	其他
试点						
推广	**青年**	**政治**	**范围**	**党派**	**组织**	**领导**

方针　政策　党风　事业　咨询　中心　清除

附表

01. **中国行政区域**（54 个）

01A　华北地区

北京　天津　河北　山西　内蒙古

01B　东北地区

辽宁　吉林　黑龙江

01C　华东地区

上海　江苏　浙江　安徽　福建　江西　山东

01D　中南地区

河南　湖北　湖南　广东　广西　海南

01E　西南地区

四川　贵州　云南　西藏　重庆

01F　西北地区

陕西　甘肃　青海　宁夏　新疆

01G　台湾

01H　香港

01I　澳门

哈尔滨　沈阳　大连　青岛　厦门　宁波　武汉

广州　深圳　海南岛　西安　单列市　省市　自治区

02. **世界行政区域**（244 个）

02A　亚洲

中国	蒙古	朝鲜
韩国	日本	越南
老挝	柬埔寨	缅甸
泰国	马来西亚	新加坡
文莱	菲律宾	印度尼西亚
东帝汶	尼泊尔	锡金
不丹	孟加拉国	印度
斯里兰卡	马尔代夫	哈萨克斯坦

	吉尔吉斯斯坦	塔吉克斯坦	乌兹别克斯坦
	土库曼斯坦	格鲁吉亚	阿塞拜疆
	亚美尼亚	巴基斯坦	阿富汗
	伊朗	科威特	沙特阿拉伯
	巴林	卡塔尔	阿联酋
	阿曼	也门	伊拉克
	叙利亚	黎巴嫩	约旦
	巴勒斯坦	以色列	塞浦路斯
	土耳其		
02B	欧洲		
	冰岛	法罗群岛	丹麦
	挪威	瑞典	芬兰
	爱沙尼亚	拉脱维亚	立陶宛
	俄罗斯	白俄罗斯	乌克兰
	摩尔多瓦	波兰	捷克
	斯洛伐克	匈牙利	德国
	奥地利	列支敦士登	瑞士
	荷兰	比利时	卢森堡
	英国	爱尔兰	法国
	摩纳哥	安道尔	西班牙
	葡萄牙	意大利	梵蒂冈
	圣马力诺	马耳他	南斯拉夫
	斯洛文尼亚	克罗地亚	波黑
	马其顿	罗马尼亚	保加利亚
	阿尔巴尼亚	希腊	
02C	非洲		
	埃及	利比亚	突尼斯
	阿尔及利亚	摩洛哥	西撒哈拉
	毛里塔尼亚	塞内加尔	冈比亚
	马里	布基纳法索	佛得角
	几内亚比绍	几内亚	塞拉利昂
	利比里亚	科特迪瓦	加纳
	多哥	贝宁	尼日尔

	尼日利亚	喀麦隆	赤道几内亚
	乍得	中非	苏丹
	埃塞俄比亚	吉布提	索马里
	肯尼亚	乌干达	坦桑尼亚
	卢旺达	布隆迪	刚果民主共和国
	刚果	加蓬	厄立特里亚
	圣多美和普林西比		
	安哥拉	赞比亚	马拉维
	莫桑比克	科摩罗	马达加斯加
	塞舌尔	毛里求斯	留尼汪
	津巴布韦	博茨瓦纳	纳米比亚
	南非	斯威士兰	莱索托
	圣赫勒拿		
02D	大洋洲		
	澳大利亚	新西兰	巴布亚新几内亚
	所罗门群岛	瓦努阿图	新喀里多尼亚
	斐济基里巴斯	瑙鲁	密克罗尼西亚联邦
	马绍尔群岛共和国	帕劳	北马里亚纳群岛自由联邦
	关岛	图瓦卢	瓦利斯群岛和富图纳群岛
	西萨摩亚	美属萨摩亚	纽埃
	托克劳	库克群岛	汤加
	法属波利尼西亚	皮特凯恩群岛	
02E	美洲		
	格陵兰	加拿大	圣皮埃尔和密克隆
	美国	百慕大	墨西哥
	危地马拉	伯利兹	萨尔瓦尔
	洪都拉斯	尼加拉瓜	哥斯达黎加
	巴拿马	巴哈马	特克斯群岛和凯科斯群岛
	古巴	开曼群岛	牙买加
	海地	多米尼加	波多黎各
	美属维尔京群岛	英属维尔京群岛	圣基茨和尼维斯
	安圭拉	安提瓜和巴布达	蒙特塞拉特
	瓜德罗普	多米尼克	马提尼克

圣卢西亚	圣文森特和格林纳丁斯	
巴巴多斯	格林纳达	特立尼达和多巴哥
荷属安的列斯	阿鲁巴	哥伦比亚
委内瑞拉	圭亚那	苏里南
法属圭亚那	厄瓜多尔	秘鲁
巴西	玻利维亚	智利
阿根廷	巴拉圭	乌拉圭

苏联	**民主德国**	**联邦德国**
捷克斯洛伐克	**扎伊尔**	**留尼汪岛**
圣赫勒拿岛和阿森松岛等		**贝劳**
马绍尔群岛	**北马里亚纳群岛**	**东萨摩亚**
圣皮埃尔和密克隆群岛	**百慕大群岛**	**多米尼加共和国**
多米尼加联邦	**荷属安的列斯群岛**	

发布部门：国务院办公厅　　发布日期：1997 年 12 月 01 日　　实施日期：1997 年 12 月 01 日　　（中央法规）

附录二

国家行政机关公文处理办法

第一章　总　则

第一条　为使国家行政机关（以下简称行政机关）的公文处理工作规范化、制度化、科学化，制定本办法。

第二条　行政机关的公文（包括电报，下同），是行政机关在行政管理过程中形成的具有法定效力和规范体式的文书，是依法行政和进行公务活动的重要工具。

第三条　公文处理指公文的办理、管理、整理（立卷）、归档等一系列相互关联、衔接有序的工作。

第四条　公文处理应当坚持实事求是、精简、高效的原则，做到及时、准确、安全。

第五条　公文处理必须严格执行国家保密法律、法规和其他有关规定，确保国家秘密的安全。

第六条　各级行政机关的负责人应当高度重视公文处理工作，模范遵守本办法并加强对本机关公文处理工作的领导和检查。

第七条　各级行政机关的办公厅（室）是公文处理的管理机构，主管本机关的公文处理工作并指导下级机关的公文处理工作。

第八条　各级行政机关的办公厅（室）应当设立文秘部门或者配备专职人员负责公文处理工作。

第二章　公文种类

第九条　行政机关的公文种类主要有：

（一）命令（令）

适用于依照有关法律公布行政法规和规章；宣布施行重大强制性行政措施；

嘉奖有关单位及人员。

（二）决定

适用于对重要事项或者重大行动做出安排，奖惩有关单位及人员，变更或者撤销下级机关不适当的决定事项。

（三）公告

适用于向国内外宣布重要事项或者法定事项。

（四）通告

适用于公布社会各有关方面应当遵守或者周知的事项。

（五）通知

适用于批转下级机关的公文，转发上级机关和不相隶属机关的公文，传达要求下级机关办理和需要有关单位周知或者执行的事项，任免人员。

（六）通报

适用于表彰先进，批评错误，传达重要精神或者情况。

（七）议案

适用于各级人民政府按照法律程序向同级人民代表大会或人民代表大会常务委员会提请审议事项。

（八）报告

适用于向上级机关汇报工作，反映情况，答复上级机关的询问。

（九）请示

适用于向上级机关请求指示、批准。

（十）批复

适用于答复下级机关的请示事项。

（十一）意见

适用于对重要问题提出见解和处理办法。

（十二）函

适用于不相隶属机关之间商洽工作，询问和答复问题，请求批准和答复审批事项。

（十三）会议纪要

适用于记载、传达会议情况和议定事项。

第三章　公文格式

第十条　公文一般由秘密等级和保密期限、紧急程度、发文机关标识、发文字号、签发人、标题、主送机关、正文、附件说明、成文日期、印章、附注、附件、主题词、抄送机关、印发机关和印发日期等部分组成。

（一）涉及国家秘密的公文应当标明密级和保密期限，其中，“绝密”、“机密”级公文还应当标明份数序号。

（二）紧急公文应当根据紧急程度分别标明“特急”、“急件”。其中电报应当分别标明“特提”、“特急”、“加急”、“平急”。

（三）发文机关标识应当使用发文机关全称或者规范化简称；联合行文，主办机关排列在前。

（四）发文字号应当包括机关代字、年份、序号。联合行文，只标明主办机关发文字号。

（五）上行文应当注明签发人、会签人姓名。其中，“请示”应当在附注处注明联系人的姓名和电话。

（六）公文标题应当准确简要地概括公文的主要内容并标明公文种类，一般应当标明发文机关。公文标题中除法规、规章名称加书名号外，一般不用标点符号。

（七）主送机关指公文的主要受理机关，应当使用全称或者规范化简称、统称。

（八）公文如有附件，应当注明附件顺序和名称。

（九）公文除“会议纪要”和以电报形式发出的以外，应当加盖印章。联合上报的公文，由主办机关加盖印章；联合下发的公文，发文机关都应当加盖印章。

（十）成文日期以负责人签发的日期为准，联合行文以最后签发机关负责人的签发日期为准。电报以发出日期为准。

（十一）公文如有附注（需要说明的其他事项），应当加括号标注。

（十二）公文应当标注主题词。上行文按照上级机关的要求标注主题词。

（十三）抄送机关指除主送机关外需要执行或知晓公文的其他机关，应当使用全称或者规范化简称、统称。

（十四）文字从左至右横写、横排。在民族自治地方，可以并用汉字和通用的少数民族文字（按其习惯书写、排版）。

第十一条 公文中各组成部分的标识规则，参照《国家行政机关公文格式》国家标准执行。

第十二条 公文用纸一般采用国际标准 A4 型（210mm×297mm），左侧装订。张贴的公文用纸大小，根据实际需要确定。

第四章　行文规则

第十三条　行文应当确有必要，注重效用。

第十四条　行文关系根据隶属关系和职权范围确定，一般不得越级请示和报告。

第十五条　政府各部门依据部门职权可以相互行文和向下一级政府的相关业务部门行文；除以函的形式商洽工作、询问和答复问题、审批事项外，一般不得向下一级政府正式行文。

部门内设机构除办公厅（室）外不得对外正式行文。

第十六条　同级政府、同级政府各部门、上级政府部门与下一级政府可以联合行文；政府与同级党委和军队机关可以联合行文；政府部门与相应的党组织和军队机关可以联合行文；政府部门与同级人民团体和具有行政职能的事业单位也可以联合行文。

第十七条　属于部门职权范围内的事务，应当由部门自行行文或联合行文。联合行文应当明确主办部门。须经政府审批的事项，经政府同意也可以由部门行文，文中应当注明经政府同意。

第十八条　属于主管部门职权范围内的具体问题，应当直接报送主管部门处理。

第十九条　部门之间对有关问题未经协商一致，不得各自向下行文。如擅自行文，上级机关应当责令纠正或撤销。

第二十条　向下级机关或者本系统的重要行文，应当同时抄送直接上级机关。

第二十一条　“请示”应当一文一事；一般只写一个主送机关，需要同时送其他机关的，应当用抄送形式，但不得抄送其下级机关。

“报告”不得夹带请示事项。

第二十二条　除上级机关负责人直接交办的事项外，不得以机关名义向上级机关负责人报送“请示”、“意见”和“报告”。

第二十三条　受双重领导的机关向上级机关行文，应当写明主送机关和抄送机关。上级机关向受双重领导的下级机关行文，必要时应当抄送其另一上级机关。

第五章　发文办理

第二十四条　条发文办理指以本机关名义制发公文的过程，包括草拟、审核、签发、复核、缮印、用印、登记、分发等程序。

第二十五条 草拟公文应当做到：

（一）符合国家的法律、法规及其他有关规定。如提出新的政策、规定等，要切实可行并加以说明。

（二）情况确实，观点明确，表述准确，结构严谨，条理清楚，直述不曲，字词规范，标点正确，篇幅力求简短。

（三）公文的文种应当根据行文目的、发文机关的职权和与主送机关的行文关系确定。

（四）拟制紧急公文，应当体现紧急的原因，并根据实际需要确定紧急程度。

（五）人名、地名、数字、引文准确。引用公文应当先引标题，后引发文字号。引用外文应当注明中文含义。日期应当写明具体的年、月、日。

（六）结构层次序数，第一层为“一、”，第二层为“（一）”，第三层为“1.”，第四层为“（1）”。

（七）应当使用国家法定计量单位。

（八）文内使用非规范化简称，应当先用全称并注明简称。使用国际组织外文名称或其缩写形式，应当在第一次出现时注明准确的中文译名。

（九）公文中的数字，除成文日期、部分结构层次序数和在词、词组、惯用语、缩略语、具有修辞色彩语句中作为词素的数字必须使用汉字外，应当使用阿拉伯数字。

第二十六条 拟制公文，对涉及其他部门职权范围内的事项，主办部门应当主动与有关部门协商，取得一致意见后方可行文；如有分歧，主办部门的主要负责人应当出面协调，仍不能取得一致时，主办部门可以列明各方理据，提出建设性意见，并与有关部门会签后报请上级机关协调或裁定。

第二十七条 公文送负责人签发前，应当由办公厅（室）进行审核。审核的重点是：是否确需行文，行文方式是否妥当，是否符合行文规则和拟制公文的有关要求，公文格式是否符合本办法的规定等。

第二十八条 以本机关名义制发的上行文，由主要负责人或者主持工作的负责人签发；以本机关名义制发的下行文或平行文，由主要负责人或者由主要负责人授权的其他负责人签发。

第二十九条 公文正式印制前，文秘部门应当进行复核，重点是：审批、签发手续是否完备，附件材料是否齐全，格式是否统一、规范等。

经复核需要对文稿进行实质性修改的，应按程序复审。

第六章　收文办理

第三十条　收文办理指对收到公文的办理过程，包括签收、登记、审核、拟办、批办、承办、催办等程序。

第三十一条　收到下级机关上报的需要办理的公文，文秘部门应当进行审核。审核的重点是：是否应由本机关办理；是否符合行文规则；内容是否符合国家法律、法规及其他有关规定；涉及其他部门或地区职权的事项是否已协商、会签；文种使用、公文格式是否规范。

第三十二条　经审核，对符合本办法规定的公文，文秘部门应当及时提出拟办意见送负责人批示或者交有关部门办理，需要两个以上部门办理的应当明确主办部门。紧急公文，应当明确办理时限。对不符合本办法规定的公文，经办公厅（室）负责人批准后，可以退回呈报单位并说明理由。

第三十三条　承办部门收到交办的公文后应当及时办理，不得延误、推诿。紧急公文应当按时限要求办理，确有困难的，应当及时予以说明。对不属于本单位职权范围或者不宜由本单位办理的，应当及时退回交办的文秘部门并说明理由。

第三十四条　收到上级机关下发或交办的公文，由文秘部门提出拟办意见，送负责人批示后办理。

第三十五条　公文办理中遇有涉及其他部门职权的事项，主办部门应当主动与有关部门协商；如有分歧，主办部门主要负责人要出面协调，如仍不能取得一致，可以报请上级机关协调或裁定。

第三十六条　审批公文时，对有具体请示事项的，主批人应当明确签署意见、姓名和审批日期，其他审批人圈阅视为同意；没有请示事项的，圈阅表示已阅知。

第三十七条　送负责人批示或者交有关部门办理的公文，文秘部门要负责催办，做到紧急公文跟踪催办，重要公文重点催办，一般公文定期催办。

第七章　公文归档

第三十八条　公文办理完毕后，应当根据《中华人民共和国档案法》和其他有关规定，及时整理（立卷）、归档。

个人不得保存应当归档的公文。

第三十九条　归档范围内的公文，应当根据其相互联系、特征和保存价值等整理（立卷），要保证归档公文的齐全、完整，能正确反映本机关的主要工作情况，便于保管和利用。

第四十条 联合办理的公文，原件由主办机关整理（立卷）、归档，其他机关保存复制件或其他形式的公文副本。

第四十一条 本机关负责人兼任其他机关职务，在履行所兼职务职责过程中形成的公文，由其兼职机关整理（立卷）、归档。

第四十二条 归档范围内的公文应当确定保管期限，按照有关规定定期向档案部门移交。

第四十三条 拟制、修改和签批公文，书写及所用纸张和字迹材料必须符合存档要求。

第八章 公文管理

第四十四条 公文由文秘部门或专职人员统一收发、审核、用印、归档和销毁。

第四十五条 文秘部门应当建立健全本机关公文处理的有关制度。

第四十六条 上级机关的公文，除绝密级和注明不准翻印的以外，下一级机关经负责人或者办公厅（室）主任批准，可以翻印。翻印时，应当注明翻印的机关、日期、份数和印发范围。

第四十七条 公开发布行政机关公文，必须经发文机关批准。经批准公开发布的公文，同发文机关正式印发的公文具有同等效力。

第四十八条 公文复印件作为正式公文使用时，应当加盖复印机关证明章。

第四十九条 公文被撤销，视作自始不产生效力；公文被废止，视作自废止之日起不产生效力。

第五十条 不具备归档和存查价值的公文，经过鉴别并经办公厅（室）负责人批准，可以销毁。

第五十一条 销毁秘密公文应当到指定场所由二人以上监销，保证不丢失、不漏销。其中，销毁绝密公文（含密码电报）应当进行登记。

第五十二条 机关合并时，全部公文应当随之合并管理。机关撤销时，需要归档的公文整理（立卷）后按有关规定移交档案部门。

工作人员调离工作岗位时，应当将本人暂存、借用的公文按照有关规定移交、清退。

第五十三条 密码电报的使用和管理，按照有关规定执行。

第九章　附则

第五十四条　行政法规、规章方面的公文，依照有关规定处理。外事方面的公文，按照外交部的有关规定处理。

第五十五条　公文处理中涉及电子文件的有关规定另行制定。统一规定发布之前，各级行政机关可以制定本机关或者本地区、本系统的试行规定。

第五十六条　各级行政机关的办公厅（室）对上级机关和本机关下发公文的贯彻落实情况应当进行督促检查并建立督查制度。有关规定另行制定。

第五十七条　本办法自 2001 年 1 月 1 日起施行。1993 年 11 月 21 日国务院办公厅发布，1994 年 1 月 1 日起施行的《国家行政机关公文处理办法》同时废止。

附录三

中国共产党机关公文处理条例
（中办发〔1996〕14号）

第一章　总　则

第一条　为适应中国共产党机关（以下简称党的机关）工作的需要，实现党的机关公文处理工作的科学化、制度化、规范化，制定本条例。

第二条　党的机关的公文，是党的机关实施领导、处理公务的具有特定效力和规范格式的文书，是传达贯彻党的路线、方针、政策，指导、布置和商洽工作，请示和答复问题，报告和交流情况的工具。

第三条　公文处理是包括公文拟制、办理、管理、立卷归档在内的一系列衔接有序的工作。

第四条　公文处理应当坚持实事求是、按照行文机关要求和公文处理规定进行的原则，做到准确、及时、安全、保密。

第五条　党的机关的办公厅（室）主管本机关的公文处理工作，并对下级机关的公文处理工作进行业务指导。

第六条　党的机关的办公厅（室）应当设立秘书部门或者配备秘书人员具体负责公文处理工作，并逐步改善办公手段，努力提高工作效率和质量。秘书人员应当具有较高的政治和业务素质，工作积极，作风严谨，遵守纪律，恪尽职守。

第二章　公文种类

第七条　党的机关公文种类主要有：

（一）决议 用于经会议讨论通过的重要决策事项。

（二）决定 用于对重要事项作出决策和安排。

（三）指示 用于对下级机关布置工作，提出开展工作的原则和要求。

（四）意见 用于对重要问题提出见解和处理办法。

（五）通知 用于发布党内法规、任免干部、传达上级机关的指示、转发上级机关和不相隶属机关的公文、批转下级机关的公文、发布要求下级机关办理和有关单位共同执行或者周知的事项。

（六）通报 用于表彰先进、批评错误、传达重要精神、交流重要情况。

（七）公报 用于公开发布重要决定或者重大事件。

（八）报告 用于向上级机关汇报工作、反映情况、提出建议，答复上级机关的询问。

（九）请示 用于向上级机关请求指示、批准。

（十）批复 用于答复下级机关的请示。

（十一）条例 用于党的中央组织制定规范党组织的工作、活动和党员行为的规章制度。

（十二）规定 用于对特定范围内的工作和事务制定具有约束力的行为规范。

（十三）函 用于机关之间商洽工作、询问和答复问题，向无隶属关系的有关主管部门请求批准等。

（十四）会议纪要 用于记载会议主要精神和议定事项。

第三章　公文格式

第八条　党的机关公文由版头、份号、密级、紧急程度、发文字号、签发人、标题、主送机关、正文、附件、发文机关署名、成文日期、印章、印发传达范围、主题词、抄送机关、印制版记组成。

（一）版头 由发文机关全称或者规范化简称加“文件”二字或者加括号标明文种组成，用套红大字居中印在公文首页上部。联合行文，版头可以用主办机关名称，也可以并用联署机关名称。在民族自治地方，发文机关名称可以并用自治民族的文字和汉字印制。

（二）份号 公文印制份数的顺序号，标注于公文首页左上角。秘密公文应当标明份号。

（三）密级 公文的秘密等级，标注于份号下方。

（四）紧急程度 对公文送达和办理的时间要求。紧急文件应当分别标明“特急”、“加急”，紧急电报应当分别标明“特提”、“特急”、“加急”、“平急”。

（五）发文字号 由发文机关代字、发文年度和发文顺序号组成，标注于版头下方居中或者左下方。联合行文，一般只标明主办机关的发文字号。

（六）签发人 上报公文应当在发文字号右侧标注“签发人”，“签发人”后面标注签发人姓名。

（七）标题 由发文机关名称、公文主题和文种组成，位于发文字号下方。

（八）主送机关 主要受理公文的机关。主送机关名称应当用全称或者规范化简称或者同类型机关的统称，位于正文上方，顶格排印。

（十）附件 公文附件，应当置于主件之后，与主件装订在一起，并在正文之后、发文机关署名之前注明附件的名称。

（十一）发文机关署名 应当用全称或者规范化简称，位于正文的右下方。

（十二）成文日期 一般署会议通过或者领导人签发日期；联合行文，署最后签发机关领导人的签发日期；特殊情况署印发日期。成文日期应当写明年、月、日，位于发文机关署名右下方。决议、决定、条例、规定等不标明主送机关的公文，成文日期加括号标注于标题下方居中位置。

（十三）印章 除会议纪要和印制的有特定版头的普发性公文外，公文应当加盖发文机关印章。

（十四）印发传达范围 加括号标注于成文日期左下方。

（十五）主题词 按上级机关的要求和《公文主题词表》标注，位于抄送机关上方。

（十六）抄送机关 指除主送机关以外的其他需要告知公文内容的上级、下级和不相隶属机关。抄送机关名称标注于印制版记上方。

（十七）印制版记 由公文印发机关名称、印发日期和份数组成，位于公文末页下端。

第九条 公文的汉字从左至右横排；少数民族文字按其书写习惯排印。公文用纸幅面规格可采用 16 开型（长 260 毫米，宽 184 毫米），也可采用国际标准 A4 型（长 297 毫米，宽 210 毫米）。左侧装订。

第十条 党的机关公文版头的主要形式及适用范围：

（一）《中共××文件》用于各级党委发布、传达贯彻党的方针、政策，作出重要工作部署，转发上级机关的文件，批转下级机关的重要报告、请示。

（二）《中国共产党××委员会（××）》用于各级党委通知重要事项、任免干部、批复下级机关的请示，向上级机关报告、请示工作。

（三）《中共××办公厅（室）文件》、《中共××办公厅（室）（××）》用于各级党委办公厅（室）根据授权，传达党委的批示，答复下级党委的请示，转发上级机关的文件，批转下级机关的报告、请示，发布有关事项，向上级机关报告、请示工作。

（四）《中共××部文件》、《中共××部（××）》用于除办公厅（室）以外的党委各部门发布本部门职权范围内的事项，向上级机关报告、请示工作。

第四章　行文规则

第十一条　行文应当确有需要，注重实效，坚持少而精。可发可不发的公文不发，可长可短的公文要短。

第十二条　党的机关的行文关系，根据各自的隶属关系和职权范围确定。

（一）向上级机关行文，应当主送一个上级机关；如需其他相关的上级机关阅知，可以抄送。不得越级向上级机关行文，尤其不得越级请示问题；因特殊情况必须越级行文时，应当同时抄送被越过的上级机关。

（二）向下级机关的重要行文，应当同时抄送发文机关的直接上级机关。

（三）党委各部门在各自职权范围内可以向下级党委的相关部门行文。党委办公厅（室）根据党委授权，可以向下级党委行文；党委的其他部门，不得对下级党委发布指示性公文。部门之间对有关问题未经协商一致，不得各自向下行文。

（四）同级党的机关、党的机关与其他同级机关之间必要时可以联合行文。

（五）不相隶属机关之间一般用函行文。

第十三条　受双重领导的机关向上级机关行文，应当写明主送机关和抄送机关，由主送机关负责答复其请示事项。上级机关向受双重领导的下级机关行文，应当抄送其另一上级机关。

第十四条　向上级机关请示问题，应当一文一事，不应当在非请示公文中夹带请示事项。

请示事项涉及其他部门业务范围时，应当经过协商并取得一致意见后上报；经过协商未能取得一致意见时，应当在请示中写明。除特殊情况外，请示应当送上级机关的办公厅（室）按规定程序处理，不应直接送领导者个人。

党委各部门应当向本级党委请示问题。未经本级党委同意或授权，不得越过本级党委向上级党委主管部门请示重大问题。

第十五条　对不符合行文规则的上报公文，上级机关的秘书部门可退回下级呈报机关。

第五章　公文起草

第十六条　起草公文应当做到：

（一）符合党的路线、方针、政策和国家的法律、法规及上级机关的指示，完整、准确地体现发文机关的意图，并同现行相关公文相衔接。

（二）全面、准确地反映客观实际情况，提出的政策、措施切实可行。

（三）观点明确，条理清晰，内容充实，结构严谨，表述准确。

（四）开门见山，文字精练，用语准确，篇幅简短，文风端正。

（五）人名、地名、时间、数字、引文准确。公文中汉字和标点符号的用法符合国家发布的标准方案，计量单位和数字用法符合国家主管部门的规定。

（六）文种、格式使用正确。

（七）杜绝形式主义和繁琐哲学。

第十七条　起草重要公文应当由领导人亲自动手或亲自主持、指导，进行调查研究和充分论证，征求有关部门意见。

第六章　公文校核

第十八条　公文文稿送领导人审批之前，应当由办公厅（室）进行校核。公文校核的基本任务是协助机关领导人保证公文的质量。公文校核的内容是：

（一）报批程序是否符合规定；

（二）是否确需行文；

（三）内容是否符合党的路线、方针、政策和国家的法律、法规及上级机关的指示精神，是否完整、准确地体现发文机关的意图，并同现行有关公文相衔接；

（四）涉及有关部门业务的事项是否经过协调并取得一致意见；

（五）所提措施和办法是否切实可行；

（六）人名、地名、时间、数字、引文和文字表述、密级、印发传达范围、主题词是否准确、恰当，汉字、标点符号、计量单位、数字的用法及文种使用、公文格式是否符合本条例的规定。

第十九条　文稿如需作较大修改，应当与原起草部门协商或请其修改。

第二十条　已经领导人审批过的文稿，在印发之前应再作校核。校核的内容同第十八条（六）款。经校核如需作涉及内容的实质性修改，须报原审批领导人复审。

第七章　公文签发

第二十一条　公文须经本机关领导人审批签发。重要公文应当由机关主要领导人签发。联合发文，须经所有联署机关的领导人会签。党委办公厅（室）根据党委授权发布的公文，由被授权者签发或者按照有关规定签发。领导人签发公文，应当明确签署意见，并写上姓名和时间。若圈阅，则视为同意。

第八章　公文办理和传递

第二十二条　公文办理分为收文办理和发文办理。收文办理包括公文的签收、登记、拟办、请办、分发、传阅、承办和催办等程序。公文经起草、校核和领导审批签发后转入发文办理，发文办理包括公文的核发、登记、印制和分发等程序。

（一）签收 收到有关公文并以签字或盖章的方式给发文方以凭证。签收公文应当逐件清点，如发现问题，应当及时向发文机关查询，并采取相应的处理措施。急件应当注明签收的具体时间。

（二）登记 公文办理过程中就公文的特征和办理情况进行记载。登记应当将公文标题、密级、发文字号、发文机关、成文日期、主送机关、份数、收发文日期及办理情况逐项填写清楚。

（三）拟办 秘书部门对需要办理的公文提出办理意见，并提供必要的背景材料，送领导人批示。

（四）请办 办公厅（室）根据授权或有关规定将需要办理的公文注请主管领导人批示或者主管部门研办。对需要两个以上部门办理的，应当指明主办部门。

（五）分发 秘书部门根据有关规定或者领导人批示将公文分送有关领导人和部门。

（六）传阅 秘书部门根据领导人批示或者授权，按照一定的程序将公文送有关领导人阅知或者批示。办理公文传阅应当随时掌握公文去向，避免漏传、误传和延误。

（七）承办 主管部门对需要办理的公文进行办理。凡属承办部门职权范围内可以答复的事项，承办部门应当直接答复呈文机关；凡涉及其他部门业务范围的事项，承办部门应当主动与有关部门协商办理；凡须报请上级机关审批的事项，承办部门应当提出处理意见并代拟文稿，一并送请上级机关审批。

（八）催办 秘书部门对公文的承办情况进行督促检查。催办贯穿于公文处理的各个环节。对紧急或者重要公文应当及时催办，对一般公文应当定期催办，并随时或者定期向领导人反馈办理情况。

（九）核发 秘书部门在公文正式印发前，对公文的审批手续、文种、格式等进行复核，确定发文字号、分送单位和印制份数。

（十）印制 应当做到准确、及时、规范、安全、保密。秘密公文应当由机要印刷厂（或一般印刷厂的保密车间）印制。

第二十三条　公文处理过程中，应当使用符合存档要求的书写材料。需要送请领导人阅批的传真件，应当复制后办理。

第二十四条 秘密公文应当通过机要交通（或机要通信）传递、密电传输或者计算机网络加密传输，不得密电明传、明电密电混用。

第九章 公文管理

第二十五条 党的机关公文应当发给组织，由秘书部门统一管理，一般不发给个人。秘书部门应当切实做好公文的管理工作，既发挥公文效用，又有利于公文保密。

第二十六条 党的机关秘密公文的印发传达范围应当按照发文机关的要求执行，下级机关、不相隶属机关如需变更，须经发文机关批准。

第二十七条 公开发布党的机关公文，须经发文机关批准。经批准公开发布的公文，同发文机关正式印发的公文具有同等效力。

第二十八条 复制上级党的机关的秘密公文，须经发文机关批准或者授权。翻印件应当注明翻印机关名称、翻印日期和份数；复印件应当加盖复印机关戳记。复制的公文应当与正式印发的公文同样管理。

第二十九条 汇编上级党的机关的秘密公文，须经发文机关批准或者授权。公文汇编本的密级按照编入公文的最高密级标注并进行管理。

第三十条 绝密级公文应当由秘书部门指定专人管理，并采取严格的保密措施。

第三十一条 秘书部门应当按照规定对秘密公文进行清理、清退和销毁，并向主管机关报告公文管理情况。

销毁秘密公文，必须严格履行登记手续，经主管领导人批准后，由二人监销，保证不丢失、不漏销。个人不得擅自销毁公文。

第三十二条 机关合并时，全部公文应当随之合并管理。机关撤销时，需要归档的公文立卷后按照有关规定移交档案部门，其他公文按照有关规定登记销毁。工作人员调离工作岗位时，应当将本人保管、借用的公文按照有关规定移交、清退。

第十章 公文立卷归档

第三十三条 公文办理完毕后，秘书部门应当按照有关规定将公文的定稿、正本和有关材料收集齐全，进行立卷归档。个人不得保存应当归档的公文。

第三十四条 两个以上机关联合办理的公文，原件由主办机关立卷归档，相关机关保存复制件。机关领导人兼任其他机关职务的，在履行其所兼职务过程中形成的公文，由其兼职的机关立卷归档。

第十一章　公文保密

第三十五条　公文处理必须严格遵守《中华人民共和国保守国家秘密法》及有关保密法规，遵守党的保密纪律，确保党和国家秘密的安全。

凡泄露或出卖党和国家秘密公文的，依照有关法律、法规的规定进行处理。

第三十六条　党内秘密公文的密级按其内容及如泄露可能对党和国家利益造成危害的程度划分为“绝密”、“机密”、“秘密”。不公开发表又未标注密级的公文，按内部公文管理。

第三十七条　发文机关在拟制公文时，应当根据公文的内容和工作需要，严格划分密与非密的界限，对于需要保密公文，要准确标注其密级。公文密级的变更和解除由发文机关或其上级机关决定。

第十二章　附　则

第三十八条　本条例适用于中国共产党各级机关。

第三十九条　本条例由中共中央办公厅负责解释。

第四十条　本条例自发布之日起施行。